지혜의 샘

옮긴이 반야행 이추경

- 연세대 공대를 나온 뒤 동 보건대학원에서 보건학 석사. 미국 오하이오주 마이애미 대학에서 환경과학 석사, 뉴욕 주립대에서 환경공학 박사과정 수료, 귀국해서 강의와 환경운동, 환경 관련 글쓰기를 했다.
- 대한불교조계종 국제포교사를 품수 받았고 불교 관련 통역과 번역을 하였으며 선시 『Living Peace』(Iris.2004)를 영역하여 미국에서 출판하였다.
- 미국 뉴욕주에 있는 Omega Institute에서 한국불교 알리기와 명상 지도를 하였다(2001-2005).
- 현재 불교관련 자원봉사를 하고 있다.

The Spring of Wisdom

영어가 쑥쑥 자라는 자타카 이야기 ❶

지혜의 샘

불광출판사

레-라닥에 있는 마하보리 국제명상센터에서 보낸 선물

마하 테라 쿠루네고다 피야팃싸가 팔리어에서 영어로 번역하였습니다.
토드 앤더슨이 영어로 이야기를 꾸몄습니다.
샐리 비엔느만과 밀리 바이럼, 마크 길슨이 삽화를 그렸습니다.
뉴욕에 있는 불교문헌학회에서 영어로 출판하였습니다.
대한불교조계종 국제포교사 반야행 이추경이 한글로 번역하였습니다.

머리말

서양 사람들이 이해할 수 있도록 『자타카 Jātaka』를 다듬는 것은 매우 기쁜 일입니다. 나는 자타카 이야기가 지닌 정신과 의미를 잘 전달하기 위해서 이야기를 재해석했습니다. 이 재해석은 다른 사람들이 한 것처럼 단어와 단어를 단순하게 번역하는 학문적인 작업이 아니었습니다. 이미 100년 전에 팔리경전학회(Pāli Text Society)에서 『자타카』 전체를 영어로 번역하였습니다. 스리랑카에서는 14세기에 싱할리어로 번역해서 『빤시야 빠나스 자타카(Pansiya Panas Jātaka)』라고 불렀습니다.

모든 불교국가에서 『자타카』는 인성개발의 중요한 근원으로 여기고 있었습니다. 『자타카』는 출가수행자와 재가 법사들의 설법에 널리 인용되고 있었습니다. 아누라다푸라(Anuradhapura)의 두투게무누(Dutugemunu, B.C. 2C)는 법(法, dharma) 즉 부처님의 가르침을 펴는 사람들에게 보수를 지불하면서 지원했고, 그들은 자타카의 이야기를 설법에 인용했습니다. 아라한이며 스리랑카에 법을 전한 마하 마힌다(Maha Mahinda) 스님도 부처님의 가르침이 진리임을 설명할 때 자타카의 이야기를 예로 들었습니다. 부처님께서도 일부를 인용하셨습니다. 이런 과정 속에서 부처님의 제자들이 자타카의 이야기를 다음 세대로 전하면서 세상에 널리 알려지게 되었습니다. 또한 자타카의 이야기와 같은 유형의 이야기들이 베다 문헌에 등장하기도 했습니다.

이솝 우화뿐만 아니라 그리스 신화도 베다 문헌과 불교의 경전에 기원을 둔 것입니다. 페르시아에도 인도의 이야기가 전해졌습니다. 이 이야기들은 영국에서는 제프리 초서[Geoffrey Chaucer, 『캔터베리 이야기(Canterbury Tales)』로 유명함]의 이야기로, 이탈리아에서는 지오반니 보카치오[Giovanni Boccaccio, 『데카메론(Decameron)』으로 유명함]의 이야기로 옮겨갔습니다. 또한 자타카의 이야기들은 여러 가지 목적으로 사용되었습니다. 자타카의 일부인 팡짜탄트라(Pañcatantra)는 경제와 법을 가르치는 데 사용되었고, 까타 사리트 사가라(Katha Sarit Sagara)는 지식을 개발하거나 즐기기 위해서 사용되었습니다. 옛날에 사람들은 자타카의 오래되고 교훈적인 이야기를 들으면서 다양한 면에서 배우며 즐거워했습니다.

　자타카의 여러 이야기를 읽으면 어른뿐만 아니라 아이들도 현대생활에서 경험하는 어려움을 어떻게 직면해야 할지를 배울 수 있습니다. 참을성과 자제, 관용과 같은 인간적 가치와 네 가지 훌륭한 마음[四無量心] 즉 사랑 가득한 친절함과 자비, 함께 기뻐하기와 마음의 평정과 같은 선한 자질을 개발할 수 있습니다. 『자타카』의 주요한 목적은 사람들이 도덕과 윤리를 깨우치도록 돕는 것입니다. 도덕과 윤리가 없다면 사람들은 마음의 평화와 행복을 느낄 수 없습니다. 『자타카』가 이야기하는 이와 같은 가치들은, 여러 가지 난폭한 탐욕과 이기심에 토대를 둔 사회의 가치들과는 매우 다릅니다.

　이 『자타카』 이야기는 원본 『자타카』의 본래 형태를 변형시키고 설명을 더해서 현대의 어린이들에게 적합하게 만들었습니다. 『자타카』 이야기가 담고 있는 진실을 어른이나 어린이가 쉽게 이해할 수 있도록 아름다운 삽화를 사용해서 현대적으로 꾸몄습니다.

　이 해석본을 만들기 위해 사용한 참고서적은 다음과 같습니다.

1. Jataka Pali (Colombo: Buddha Jayanti Tripitaka Series Publication Board, 1983) - original Pali stanza.
2. Jataka Pali (Colombo: Simon Hewavitarane Bequest, 1962) - original Pali Jataka stories in Sinhalese characters.
3. Sinhala Jataka Pot Vahanse (Colombo: Jinalankara Press, 1928) - Sinhalese translation of Pali Jataka stories.
4. Sinhala Jataka Pot Vahanse (Colombo: Ratnakara Bookshop, 1961) - Sinhalese translation of Pali Jataka stories.

5. Jataka Pota, ed. Lionel Lokuliyana (Colombo: M. D. Gunasena & Co., 1960) - Sinhalese translation of first fifty Pali Jataka stories.
6. The Jataka or Stories of the Buddha's Former Lives, ed. E. B. Cowell (Lodon: Pali Text Society, 1981), 6 vols., index - English translation of Pali Jataka stories.
7. Pansiyapanas Jataka Pot Vahanse (Bandaragama: H. W. N. Prematilaka, 1987) - Sinhalese summaries of Pali Jataka stories.

한 가지 더 덧붙이자면, 뒤에 덧붙인 "이야기꾼과 듣는 사람에게"는 『중부경(中部經, Majjhima Nikāya)』의 「짠키 경(Discourse with Canki)」에서 따온 것으로 Majjhima Nikāya[I. B. Horner trans. (London: Pali Text Society, 1975), II, 95, pp. 362-3]에 들어있습니다. 두 번째 이야기, "생쥐 장사꾼"은 본래 『소마데바(Somadeva)』에 있는 것으로, C. H. Tawney (London: C. J. Sawyer, 1924)가 번역한 『이야기의 바다(Katha Sarit Sagara)』의 일부입니다.

이 책에 실린 이야기들을 선생님들이 어린이를 위해 사용하기 바랍니다. 일상생활 속에서 아이들의 사고력을 개발하는 실례로 쓸 수 있습니다. 이러한 능력은 어려움을 만났을 때, 예기치 못한 상황이나 재난을 만났을 때 혼란에 빠지지 않도록 도와주는 매우 귀중한 능력이 될 것입니다.

인류는 스스로의 약점을 통제하기 위해서 오랜 세월 동안 막대한 인력을 사용해서 지금의 문명에 도달했습니다. 인간의 신체적, 정신적 기술을 개발하는 데는 엄청난 헌신과 노력이 필요했습니다. 우리는 앞으로의 세계평화와 인류행복을 위해 이러한 자질을 보존할 필요가 있습니다.

소멸되어 가는 인간적 자질과 가치를 유지하기 위해서 최선의 노력을 기울여야 할 것입니다. 그렇지 않으면 우리가 맞이할 미래는 다툼과 모순의 소용돌이가 될 것입니다. 여러 문명의 성숙하고 자비로운 사람들은 이러한 위험을 분명하게 인지하고 있습니다. 이와 같은 위험이 생기는 원인은 바로 인간이 내면적인 도덕을 가르치는 용기를 잃어가는 것입니다. 현대의 교육학자들과 심리학자들은 아이들이 도덕심을 길러야 한다는 사실을 간과해왔습니다. 바로 이것이 전세계적으로 범죄가 증가하는 주요 원인입니다. 50년 전만 해도 아이들은 도덕적 가치를 배웠습니다. 그러나 현대의 학교에서는 도덕을 제대로 가르치지 않고, 또 아이들은 사찰이나 교회에도 잘 가지 않습니다. 그러한 가르침을 배우지 못한 아이들이 어디에서 무엇이 옳은지 혹은 그른지를 배우겠습니까? 만화에서? 영화에서? 아니면 상업 광고에서? 이렇게 중요한 문제가 왜 그동안 교육현장과 일반사회에서 간과되어 왔을까요?

훌륭하고 아름다우며 도덕적인 『자타카』의 이야기들을 읽은 어른들이 이것을 아이들에게 가르쳐주어서 부드러운 마음을 개발시킬 수 있도록 도와주어야 할 것입니다.

이 책을 인쇄하고 펴도록 재정적으로 후원해준 불타교육기금회(佛陀敎育基金會, The Corporate Body of the Buddha Educational Foundation)에 깊은 감사를 드립니다. 그리고 도와주신 여러분께 감사를 드립니다. 헌신적으로 기꺼이 보시한 분들이 있다는 것은 낙관적으로 희망을 가지고 세상을 보게 되는 이유가 됩니다. 그분들의 공덕은 최상의 행복이 될 것입니다.

일체 중생이 행복하기를!

1994. 11. 30.

쿠루네고다 피야팃싸 *Ven. Kurunegoda Piyatissa*
Buddhist Literature Society Inc.
New York Buddhist Vihara

Whatever in these retellings
has the ring of Truth is given by
Todd S. Anderson
in memory of
an embodiment of compassion
Franklin F. Campbell MD
teacher and loving friend.

이 이야기 가운데
법륜(法輪, 부처님의 가르침)을 지닌 것은
무엇이든
자비의 화신이며
스승이고 충실한 친구인
의학박사 프랭클린 캠벨의 영전에
토드 앤더슨이 바칩니다.

이야기꾼과 듣는 사람에게

이렇게 매우 오래된 이야기를 읽거나 들으면서
어디까지가 진실일까 하는 의심이 생길 때
도움이 될 만한 조언을 부처님께서 하셨습니다.
부처님께서 말씀하시길 "수행자의 말에 귀를 기울일 때는
당신은 의미를 찾으면서 그 의미의 중요성에 대해 깊이 생각해야 하며,
당신이 내면적으로 그 말이 담고 있는 진리를 알도록 해야 한다"고 하셨습니다.
그리고 진리임을 알게 된 것을 따르고 실천하십시오.

고귀하고, 공양 받이 미땅하며,
스스로 완전히 깨달으신 분을 찬탄합시다.
그리고 진리를 따릅시다.

차례

The 1ST Prince Goodspeaker and the Water Demon 017
좋은말하기 왕자님과 물귀신
_ Rebirth of the Bodhisatta 보살의 환생
_ The Teaching of the Gods 신들의 가르침

The 2ND The Mouse Merchant 035
생쥐 장사꾼
_ Diligence and Gratitude 부지런함과 감사함

The 3RD The One-hundredth Prince 043
백 번째 왕자
_ Obedience to a Wise Teacher 현명한 스승에게 순종하기

The 4TH Demons in the Desert 051
사막의 마귀들
_ The Correct Way of Thinking 바르게 생각하기

The 5TH The Monkey King and the Water Demon 061
원숭이 왕과 물귀신
_ Attentiveness 주의깊음

The 6TH The Wind-deer and the Honey-grass 069
바람사슴과 꿀풀
_ The Craving for Taste 맛에 대한 갈망

The 7TH King Banyan Deer 077
사슴 왕 반얀
_ Compassion 자비
_ Teaching 가르침

The 8TH The Fawn Who Played Dead   093
시체 흉내를 냈던 아기사슴
_ Attendance 참여

The 9TH The Golden Plate   101
황금접시
_ Greed and Honesty 탐욕과 정직

The 10TH The Tree That Acted Like a Hunter   109
사냥꾼처럼 행동하는 나무
_ Impatience 참을성 없는 것

The 11TH The Dog King Silver   115
개의 왕 은동이
_ Justice 정의

The 12TH Beauty and Gray   129
예쁜이와 잿빛이
_ A Wise Leader 현명한 지도자

The 13TH The Great Horse Knowing-one   137
위대한 말, 아는-이
_ Courage 용기

머리말   006
후기   151

Prince Goodspeaker and the Water Demon
Rebirth of the Bodhisatta / The Teaching of the Gods

좋은말하기 왕자님과 물귀신
보살의 환생 / 신들의 가르침

Rebirth of the Bodhisatta

Once upon a time, there was a very righteous king. He had a lovely queen who gave birth to a beautiful baby. This made the king very happy. He decided to give his son a name that might help him in later life. So he called him Prince Goodspeaker.

It just so happened that the prince was no ordinary baby. This was not his first life or his first birth. Millions of years before, he had been a follower of a long-forgotten teaching of the 'Buddha' - a fully 'Enlightened One'. He had wished with all his heart to become a Buddha just like his beloved master.

He was reborn in many lives - sometimes as poor animals, sometimes as long-living gods and sometimes as human beings. He always tried to learn from his mistakes and develop the 'Ten Perfections'. This was so he could purify his mind and remove the three root causes of unwholesomeness - the poisons of craving, anger and the delusion of a separate self. By using the Perfections, he would someday be able to replace the poisons with the three purities - nonattachment, loving-kindness and wisdom.

This 'Great Being' had been a humble follower of the forgotten Buddha. His goal was to gain the same enlightenment of a Buddha - the experience of complete Truth. So people call him 'Bodhisatta', which means 'Enlightenment Being'. No one really knows about the millions of lives lived by this great hero. But many stories have been told - including this one about a prince called Goodspeaker. After many more rebirths, he became the Buddha who is remembered and loved in all the world today.

보살의 환생

먼 옛날 대단히 정의로운 왕이 있었습니다. 왕에게는 사랑스러운 왕비가 있었는데, 왕비는 아름다운 아기를 낳았습니다. 왕은 무척 기뻐했습니다. 왕자에게 나중에 자라서 도움이 될 이름을 지어주기로 마음먹었습니다. 그래서 왕은 '좋은말하기' 왕자라고 이름을 지었습니다.

왕자는 평범한 아기가 아니었습니다. 이번이 왕자의 첫 번째 생(生)이거나 처음으로 태어난 것이 아니었습니다. 수백만 년 전에 왕자는 오래 전에 잊혀졌던 부처님의 가르침을 따르는 제자였습니다. 부처님이란 완전히 '깨달은 분'을 말합니다. 왕자는 사랑하는 스승이신 부처님과 같이 되기를 마음 깊이 원했습니다.

왕자는 수많은 존재로 태어났습니다. 때로는 불쌍한 동물로, 때로는 오래 사는 신(神)으로, 때로는 사람으로 태어났습니다. 왕자는 자신이 한 실수에서 배우려고 항상 노력하였고 '열 가지 완성'을 수행하였습니다. 이렇게 해서 왕자는 마음을 깨끗이 하고, 옳지 않음의 세 가지 근본 원인 즉 탐욕과 분노, 개별적인 '나[我]'가 있다는 어리석은 생각을 제거하려고 하였습니다. 열 가지 완성을 실천하면서, 언젠가 왕자는 그 세 가지 독을 세 가지 깨끗한 마음 즉 집착하지 않음과 자비와 지혜로 바꿀 수 있을 것입니다.

이 '위대한 존재'는 잊혀진 부처님의 겸손한 제자였습니다. 그의 목적은 부처님과 같은 깨달음을 얻는 것 즉 완전한 진리를 경험하는 것이었습니다. 그래서 사람들이 그를 '보살'이라고 불렀는데, '깨달음으로 가는 분'을 말합니다. 이 위대한 영웅이 살아온 수백만 번의 과거생을 어느 누구도 실제로 알지 못합니다. 그러나 많은 이야기가 전해 오는데, 좋은말하기 왕자에 대한 이야기도 그 중 하나입니다. 수없이 많이 환생한 다음에 왕자는 오늘날 모든 사람이 사랑하고 기억하는 부처님이 되었습니다.

WORD STUDY

- **demon** 귀신, 마귀
- **rebirth** 환생
- **Bodhisatta** 보살
- **righteous** 정의로운
- **ordinary** 평범한
- **Buddha** 부처님
- **Enlightenment Being** 깨달음으로 가는 분, 보살
- **beloved** 사랑하는
- **be reborn** 다시 태어나다
- **Ten Perfections** 열 가지 완성, 십바라밀(十波羅蜜)
- **the three root causes of unwholesomeness** 옳지 않음의 세 가지 근본 원인, 삼독심(三毒心)
- **craving** 탐욕, 갈망
- **delusion** 어리석은 생각
- **separate** 개별적인
- **three purities** 세 가지 깨끗한 마음
- **nonattachment** 집착하지 않음
- **being** 존재
- **Enlightened One** 깨달은 분, 부처님

The Teaching of the Gods

In time, the queen gave birth to another son, who was named Prince Moon. Shortly after both children began walking about, their mother suddenly became very sick, and died.

To help him look after his playful children, the king found a princess to become his new queen. In a few years, this queen gave birth to a beautiful bright little boy. He was named Prince Sun. Since the king was so happy, he wanted to please his queen, and reward her for bringing up all three children. So he promised to grant her one wish. The queen considered, and said,

"Thank you my lord, I will make my wish at some time in the future."

As time went on, the three princes grew into wonderful playful youngsters. The queen saw that Prince Goodspeaker was intelligent and understanding. She thought,

"If these two older princes remain in the palace, my son, Prince Sun, will never get a chance to be king. Therefore, I must do something to make him the next king."

One day, when the king was in a good mood, the queen respectfully approached him and reminded him of the promised wish. He was very happy and said,

"Ask whatever you want!"

The queen said,

"Oh my husband and king, grant that after the course of your life is over, my son, Prince Sun, will be the next king."

신들의 가르침

때가 되어서 왕비가 또 다른 왕자를 낳았는데 이름을 달님이라고 하였습니다. 어린 두 왕자가 걷기 시작한 후 얼마 되지 않아 왕비가 갑자기 병들어 돌아가셨습니다.

장난꾸러기 아이들을 돌보기 위해서 왕은 새 왕비로 맞이할 공주를 찾아내었습니다. 몇 년이 지나서 새 왕비도 아름답고 영리한 사내아이를 낳았는데 이름을 햇님이라고 하였습니다. 왕은 무척 행복했기 때문에, 세 아이를 기르는 왕비를 기쁘게 해주고 싶었고 상을 주고 싶었습니다. 그래서 왕비에게 한 가지 소원을 들어주겠다고 약속하였습니다. 왕비는 생각해보더니,

"감사합니다. 왕이시여, 제 소원은 나중에 말씀드리고 싶습니다."

라고 말했습니다.

세월이 흘러서 세 명의 왕자는 훌륭하고 쾌활한 젊은이로 자랐습니다. 왕비는 좋은말하기 왕자가 총명하고 이해심이 많다는 것을 알았습니다. 왕비는 생각했습니다.

"형님인 두 왕자들이 궁전에 있는 한, 내 아들 햇님 왕자는 결코 다음 왕이 되지 못할 것이다. 그러니 내 아들을 다음 왕으로 만들기 위해서 무언가를 해야겠다."

왕의 기분이 좋은 어느 날, 왕비는 공손한 태도로 다가가서 한 가지 소원을 들어주겠다던 약속을 상기시켰습니다. 왕은 매우 기분이 좋아서 말했습니다.

"원하는 것은 무엇이든 말하시오!"

왕비가 말했습니다.

"나의 남편인 왕이시여! 당신의 생애가 다한 후에 나의 아들 해님 왕자가 다음 왕이 되게 해 주세요."

WORDSTUDY
- **look after** ~을 돌보다
- **bring up** ~을 키우다. ~을 양육하다
- **playful** 장난 잘 하는. 명랑한
- **youngster** 젊은이
- **please** ~을 기쁘게 하다

The king was shocked by this request. He became angry and said,

"My first two children are like bright stars! How can I give the kingdom to my third son? All the people will blame me. That cannot be done!"

The queen kept silent.

As happy as the king had been, he now became just as unhappy. He was afraid and filled with doubt. He suspected that the queen might destroy his first-born children by some wicked means. He decided that he must make sure his children were safe.

Secretly, the king called Prince Goodspeaker and Prince Moon to him. He told them of the queen's dangerous desire. He sadly said that the only safe thing for them to do was to leave the kingdom. They should return only after their father's death, and take their rightful places ruling the kingdom. The two obedient princes accepted their father's order and prepared to leave.

In a few days they were ready. They said their sad good-byes to their father and friends, and left the palace. On their way through the royal gardens, they came upon Prince Sun. He had always been very affectionate and friendly towards his two older half-brothers. He was upset to hear that they were leaving for a very long time. So he decided that he too would leave the kingdom. The three friendly princes departed together.

For several months they traveled, until they reached the forest country of the mighty Himalayas. They were very tired and sat down under a tree. The oldest brother, Prince Goodspeaker, said to the youngest, Prince Sun,

"Please go down to the nearby lake and fill some lotus leaves with water. Bring them back here so we all can drink."

왕은 그 요구에 깜짝 놀랐습니다. 왕은 화가 나서 말했습니다.

"첫번 두 왕자들은 빛나는 별과 같소! 어떻게 내가 셋째 아들에게 왕국을 물려줄 수 있단 말이오? 모든 백성들이 나를 비난할 것이오. 그런 일은 있을 수 없소!"

왕비는 말없이 가만히 있었습니다.

지금까지 행복했던 왕은 이제 불행해졌습니다. 왕은 두려움과 의심으로 가득 찼습니다. 왕비가 사악한 방법으로 첫 번째 부인에게서 난 아이들을 없애버릴지도 모른다는 의심이 들었습니다. 아이들을 확실히 안전하게 해야겠다고 왕은 결심했습니다.

왕은 비밀리에 좋은말하기 왕자와 달님 왕자를 불렀습니다. 그들에게 왕비의 위험한 욕심을 말해주었습니다. 왕자들이 왕국을 떠나는 것만이 유일하게 안전한 길이라고 슬프게 말했습니다. 다만 왕이 돌아가신 후에는 왕자들이 되돌아와서 왕국을 다스리는 정당한 자리를 이어야 한다고 했습니다. 순종하는 두 왕자는 아버지의 명령에 따라 떠날 준비를 했습니다.

두 왕자는 며칠 안으로 준비를 마쳤습니다. 두 왕자는 아버지와 친구들에게 슬픈 작별 인사를 하고 왕궁을 떠났습니다. 왕궁의 정원을 지나가던 길에 두 왕자는 햇님 왕자를 우연히 만나게 되었습니다. 햇님 왕자는 배다른 두 형님을 늘 좋아했고 사이가 좋았습니다. 두 형님이 오랫동안 떠나있어야 한다는 말을 듣고 햇님 왕자는 마음이 상했습니다. 그래서 그도 왕국을 떠나기로 결심했습니다. 사이좋은 세 왕자는 함께 출발했습니다.

여러 달 동안 여행해서 웅장한 산 히말라야의 숲속 나라에 도착했습니다. 그들은 몹시 지쳐서 나무 아래에 앉았습니다. 가장 나이가 많은 좋은말하기 왕자가 가장 어린 햇님 왕자에게 말했습니다.

"가까운 호수로 가서 연잎에 물을 담아오면 고맙겠다. 그러면 우리가 모두 물을 마실 수 있을 거야."

WORDSTUDY

- **blame** ~을 비난하다
- **obedient** 충실한, 순종적인
- **half-brothers** 배다른 형제, 의붓형제
- **wicked** 간교한, 사악한
- **affectionate** 좋아하는, 애정 깊은
- **mighty** 위대한
- **means** 수단, 방법

They did not know that the beautiful dark blue lake was possessed by a water demon! He was permitted by his demon ruler to eat any beings that he could convince to go into the water. There was also one condition. He could not eat anyone who knew the answer to the question,

"What is the teaching of the gods?"

When Prince Sun arrived at the shore of the lake, being dry and dirty and tired, he went directly into the water without any investigation. Suddenly the water demon rose up from under the water and captured him. He asked him,

"What is the teaching of the gods?"

Prince Sun said,

"I know the answer to that! The sun and the moon are the teachings of the gods."

"You don't know the teaching of the gods, so you belong to me!",

said the water demon. Then he pulled Prince Sun under the water and locked him up in a deep cave.

Since Prince Sun was delayed, Prince Goodspeaker asked the second brother, Prince Moon, to go down to the lake and bring back water in lotus leaves. When he got there, he too went directly into the water without examining. Again the water demon appeared, grabbed him, and asked,

"What is the teaching of the gods?"

Prince Moon said,

"I know the answer to that! The four directions - North, East, South and West - these are the teachings of the gods."

"You don't know the teaching of the gods, so you belong to me!",

replied the water demon. Then he locked up Prince Moon in the same underwater cave with Prince Sun.

　그들은 아름다운 짙은 청색의 호수가 물귀신에 사로잡혀 있는 줄 몰랐습니다! 그 물귀신은 물속으로 들어온 것은 무엇이든 잡아먹어도 좋다는 귀신 왕의 허락을 받았습니다. 거기에 한 가지 조건이 있었습니다.
　"신들의 가르침이 무엇인가?"
　라는 질문의 대답을 아는 사람은 잡아먹을 수 없었습니다.
　목이 마르고 지저분해지고 지친 햇님 왕자는 호수에 도착해서 자세히 살펴보지도 않고 곧바로 물속으로 걸어들어 갔습니다. 갑자기 물귀신이 물속에서 솟아나와 그를 움켜쥐었습니다. 물귀신이 왕자에게 물었습니다.
　"신들의 가르침은 무엇인가?"
　햇님 왕자가 말했습니다.
　"난 그 답을 알아요! 해와 달이 신들의 가르침이어요."
　"너는 신들의 가르침을 모른다. 그러니 내 것이다!"
　라고 물귀신이 말했습니다. 그리고 햇님 왕자를 물 밑 깊은 동굴로 끌고 가서 가두어버렸습니다.
　햇님 왕자가 늦어지자 좋은말하기 왕자는 둘째인 달님 왕자에게 호수로 가서 연잎에 물을 담아오라고 했습니다. 달님 왕자도 그곳에 도착해서는 마찬가지로 살펴보지도 않고 물속으로 들어갔습니다. 물귀신이 다시 나타나서 왕자를 움켜쥐고 물었습니다.
　"신들의 가르침은 무엇인가?"
　달님 왕자가 말했습니다.
　"난 그 답을 알아요! 동·서·남·북의 네 방향이 신들의 가르침이어요."
　"너는 신들의 가르침을 모른다. 그러니 너는 내 것이다!"
　라고 물귀신이 대답했습니다. 그리고는 물 밑의 같은 동굴에 달님 왕자를 햇님 왕자와 함께 가두어버렸습니다.

WORDSTUDY
□ **be possessed by** ~에 사로잡히다. ~에 홀리다

When both his brothers did not return, Prince Goodspeaker began to worry that they might be in some danger. So he himself went down to the beautiful dark blue lake. As he was a wise and careful person, he did not go directly into the water. Instead, he investigated and saw that there were two sets of footprints leading into the lake - but not coming out again! To protect himself, he got his sword and bow and arrows ready. He began to walk around the lake.

Seeing that this prince did not go straight into the lake, the water demon appeared to him disguised as a humble villager. He said to him,

"My dear friend, you look tired and dirty from much walking. Why don't you get into the water and bathe, drink, and eat some lotus roots?"

Remembering the one-way footprints, Prince Goodspeaker said,

"You must be some kind of demon disguised as a human! What have you done with my brothers?"

Surprised at being recognized so quickly, the water demon returned to his true ferocious appearance. He replied to the wise prince,

"By my rights, I have captured your brothers!"

The prince asked,

"For what reason?"

"So that soon I can gobble them up!",

the demon answered,

"I have permission from my demon ruler to eat all those who go into this lake, who do not know the teaching of gods. If anyone does know the teaching of the gods, I am not allowed to eat him."

두 형제가 돌아오지 않자 좋은말하기 왕자는 두 동생이 위험에 빠지지 않았나 걱정하기 시작했습니다. 그래서 왕자는 직접 아름답고 짙푸른 호수로 내려갔습니다. 왕자는 현명하고 조심스러웠기 때문에 곧바로 물속으로 들어가지 않았습니다. 그 대신 왕자는 호수로 들어가는 두 사람의 발자국은 있지만 나오는 발자국은 없다는 것을 조사해서 알게 되었습니다! 왕자는 스스로를 보호하기 위해 칼을 들고 활과 화살을 준비했습니다. 왕자는 호수 주위를 걷기 시작했습니다.

왕자가 호수에 곧바로 들어오지 않는 것을 본 물귀신은 소박한 마을 사람으로 변신해서 왕자 앞에 나타났습니다. 물귀신이 왕자에게 말했습니다.

"친구여, 당신은 오랫동안 걸어서 지저분해지고 지쳐 보입니다. 물속으로 들어가서 목욕도 하고 물도 마시고 연뿌리도 좀 먹어보는 게 어때요?"

발자국이 한쪽 방향으로만 난 것을 떠올리면서, 좋은말하기 왕자가 말했습니다.

"당신은 사람으로 변신한 귀신이 틀림없군요. 내 동생들을 어떻게 했습니까?"

그렇게 재빨리 간파당한 것에 놀란 물귀신은 본래의 무시무시한 모습으로 되돌아갔습니다. 물귀신은 현명한 왕자에게 대답했습니다.

"나의 권한으로, 너의 동생들을 잡아두었다!"

"무슨 이유로요?"

하고 왕자가 물었습니다.

"곧 잡아먹으려고 그러지!"

라고 물귀신이 대답했습니다.

"신들의 가르침을 알지 못하고 호수에 들어오는 사람은 누구든지 잡아먹어도 된다고 귀신 왕의 허락을 받았다. 만일 신들의 가르침을 아는 사람이라면 잡아먹지 못하지."

WORDSTUDY

□ **disguise as** ~로 변장하다　　□ **ferocious** 무시무시한, 사나운　　□ **gobble** 잡아먹다, 게걸스럽게 먹다

The Prince asked,

"Why do you need to know this? What is the advantage to a demon like you, to know the teaching of the gods?"

The water demon replied,

"I know there must be some advantage to me."

"Then I will tell you what the gods teach,"

said Prince Goodspeaker,

"but I have a problem. Look at me. I am covered with dust and dirt from traveling. I cannot speak about wise teachings in this condition"

By now, the water demon realized that this prince was especially wise. So he washed and refreshed him. He gave him water to drink from lotus leaves, and tender lotus roots to eat. He prepared a comfortable seat for him, decorated with pretty wild flowers. After laying aside his sword and bow and arrows, the Enlightenment Being sat on the adorned seat. The ferocious demon sat by his feet, just like a student listening to a respected teacher.

Prince Goodspeaker said,

"This is the teaching of the gods:

You should be ashamed to do unwholesome deeds.

You should be afraid to do unwholesome deeds.

You should always do wholesome deeds that bring happiness to others, and help mankind. Then you will shine with the inner light of calm and peacefulness."

The water demon was pleased with this answer, and said,

"Worthy prince, you have completely satisfied my question. You have made me so happy that I will give you back one of your brothers. Which one do you choose?"

왕자가 물었습니다.

"신들의 가르침을 왜 알아야 합니까? 신들의 가르침을 아는 것이 당신과 같은 귀신에게 무슨 이익이 있습니까?"

물귀신이 대답했습니다.

"나에게 어떤 이익이 분명히 있다는 것을 알고 있다."

"그렇다면 내가 신들의 가르침을 말해주겠습니다."

라고 좋은말하기 왕자가 말했습니다.

"그런데 문제가 있군요. 나를 보세요. 여행하느라 먼지와 흙으로 덮여있습니다. 이런 상태에서는 현명한 가르침을 말할 수 없습니다."

그때서야 물귀신은 이 왕자가 특별히 현명하다는 것을 알았습니다. 그래서 물귀신은 왕자를 씻기고 기운을 회복시켰습니다. 연잎에 물을 담아서 왕자가 마시게 하였고, 연한 연뿌리를 먹게 하였습니다. 예쁜 꽃으로 꾸민 편안한 자리도 마련했습니다. '깨달음으로 가는 분'은 칼과 활 그리고 화살을 옆에 두고 아름답게 장식한 자리에 앉았습니다. 존경하는 스승에게 귀를 기울이는 학생처럼 흉포한 귀신도 왕자의 발치에 앉았습니다.

좋은말하기 왕자가 말했습니다.

"신들의 가르침은 이렇습니다.

옳지 않은 행위를 하는 것을 부끄러워해야 합니다.

옳지 않은 행위를 하는 것을 두려워해야 합니다.

언제나 다른 사람을 행복하게 하고 인류에게 도움이 되는 올바른 행위를 해야 합니다.

그러면 당신은 평화롭고 고요한 내면의 빛으로 빛나게 될 것입니다."

물귀신은 이 대답에 기뻐하며 말했습니다.

"존경받아 마땅한 왕자님, 나의 질문에 만족스런 대답을 하였습니다. 나를 대단히 행복하게 하였으므로 당신 형제 가운데 한 명을 돌려주겠습니다. 어느 형제를 선택하겠소?"

WORDSTUDY

□ adorn 꾸미다. 장식하다

Prince Goodspeaker said,

"Release my younger brother, Prince Sun."

To this the demon replied,

"My lord prince, wise one, you know the teaching of the gods but you do not practice it!"

The prince asked,

"Why do you say that?"

The demon said,

"Because you leave the older one to die, and save the younger. You do not respect elders!"

The prince then said,

"Oh demon, I know the teaching of the gods, and I do practice it. We three princes came to this forest because of the youngest brother. His mother requested our father's kingdom for him. So it was for our protection that our father sent us here. The young Prince Sun joined us out of friendship. But if we return to the court without him, and say he was eaten by a water demon who wanted to know the teaching of the gods, who would believe us? They would think we killed him because he was the cause of our danger. This would bring shame to us and unhappiness to the kingdom. Fearing such unwholesome results, I tell you again to release the young Prince Sun."

The water demon was so pleased with this answer that he said,

"Well done, well done, my lord. You know the true teaching of the gods, and you do practice that true teaching. I will gladly give back both your brothers!"

좋은말하기 왕자가 말했습니다.

"어린 동생인 햇님 왕자를 놓아주시오."

이 말에 물귀신이 대답했습니다.

"나의 왕자님이시여, 현명한 분이시여, 당신은 신들의 가르침을 알면서도 실천하지는 않는군요!"

왕자는 물었습니다.

"왜 그렇게 말합니까?"

물귀신이 말했습니다.

"왜냐하면 당신은 나이 많은 동생은 죽게 내버려두고 어린 동생만 구하기 때문입니다. 당신은 연장자(年長者)를 존중하지 않습니다!"

그러자 왕자가 말했습니다.

"오, 물귀신이여, 나는 신들의 가르침을 알고 있고 또 실행합니다. 우리 세 왕자들은 가장 어린 왕자 때문에 이 숲으로 오게 되었습니다. 그 왕자의 어머니는 우리 아버지의 왕국을 그 왕자에게 물려달라고 요청했습니다. 그래서 아버지는 우리를 보호하기 위해서 이곳으로 보낸 것입니다. 어린 햇님 왕자는 형제의 정 때문에 우리와 함께 했습니다. 그런데 만약 우리가 햇님 왕자 없이 궁전으로 돌아가서, 신들의 가르침을 알려고 하는 물귀신에게 왕자가 잡혀먹있다고 말한다면, 누가 우리 말을 믿어주겠습니까? 우리가 위험해진 원인이 햇님 왕자이기 때문에 우리가 왕자를 죽였다고 사람들이 생각할 것입니다. 이와 같은 좋지 않은 결과가 염려되기 때문에, 어린 햇님 왕자를 놓아달라고 말한 것입니다."

이 대답을 들은 물귀신은 매우 기뻐하면서 말했습니다.

"훌륭하고 훌륭합니다. 나의 주인이여, 당신은 신들의 진정한 가르침을 알고 실천하고 있습니다. 나는 기쁜 마음으로 두 동생을 모두 돌려주겠습니다!"

□ release 놓아주다   □ practice 실행하다. 실천하다   □ court 궁전. 왕궁

So saying, he went down into the lake and brought both princes back to shore. They were wet, but unharmed.

Later on, the Bodhisatta gave further helpful advice to the demon. He said,

"Oh water demon, my new friend, you must have done many unwholesome deeds in your previous lives, so that you were born as a flesh eating demon. And if you continue in this way, you will be trapped in a terrible state even in later lives. For unwholesome deeds lead to shame, fear and unpleasant rebirth. But wholesome deeds lead to self-respect, peace and pleasant rebirth. Therefore, it would be much better for you to do pure deeds, rather than impure deeds, from now on."

This turned the demon from his past ways, and the princes lived together happily under his protection.

One day, word came that the king had died. So the three princes, as well as their friend the water demon, returned to the capital city. Prince Goodspeaker was crowned as king. Prince Moon became the chief minister, and Prince Sun became commander of the army. The water demon was awarded a safe place to live, where he was well fed, cared for and entertained for the rest of his life. In this way they all acquired wholesome meritorious thoughts, leading to rebirth in a heaven world.

물귀신은 이렇게 말하고 나서 호수 속으로 들어가서 두 왕자를 호수가로 데려왔습니다. 두 왕자는 물에 젖었지만 다친 곳은 없었습니다.

나중에 보살은 물귀신에게 더욱 도움이 되는 조언을 했습니다. 보살은 말했습니다.

"오, 물귀신이여, 나의 새로운 친구여, 당신은 분명히 과거 생에 좋지 않은 행위를 많이 했습니다. 그래서 살코기를 먹는 귀신이 되었습니다. 당신이 이렇게 계속한다면, 내생에는 더 끔찍한 상태에 빠지게 될 것입니다. 옳지 않은 행위를 하면 수치스럽고 두렵고 불쾌한 환생을 하게 됩니다. 그러나 올바른 행위를 하면 당당하고 평화롭고 즐거운 환생을 하게 됩니다. 그러므로 지금부터라도 바르지 않은 행위보다 바른 행위를 하는 것이 당신에게 훨씬 더 좋을 것입니다."

이 말에 물귀신은 지금까지의 습관을 바꾸었고, 물귀신의 보호 아래서 왕자는 행복하게 함께 살았습니다.

어느 날 왕이 돌아가셨다는 말을 들었습니다. 그래서 세 왕자와 그들의 친구인 물귀신도 함께 왕국의 수도로 돌아왔습니다. 좋은말하기 왕자는 왕위를 물려받았습니다. 달님 왕자는 재상이 되었고, 햇님 왕자는 군대의 총사령관이 되었습니다. 물귀신은 안전한 곳에 살도록 보상받았고, 남은 생애 동안 잘 먹고 보살핌을 받으며 즐겁게 지냈습니다. 이와 같이 그들은 모두 올바르고 가치 있는 생각을 지니게 되었고, 하늘나라에 다시 태어나게 되었습니다.

WORDSTUDY

- □ **unharmed** 무사한. 해를 입지 않은
- □ **capital city** 수도
- □ **flesh** (사람이나 동물의) 살, 살코기
- □ **meritorious** 가치 있는

새록새록 깊어지는 **지혜의 샘**
Prince Goodspeaker and the Water Demon
좋은말하기 왕자님과 물귀신

Unwholesome actions bring shame and fear.
Wholesome actions bring self-respect and peace.

옳지 않은 행동에서 부끄러움과 두려움이 생긴다.
올바른 행동에서 자존심과 평화가 생긴다.

Ten Perfections 십바라밀

십바라밀(十波羅蜜)는 산스크리트어 daśa-pāramitā를 옮긴 말입니다. daśa는 숫자 10을 뜻하고, pāramitā는 수행의 완성 또는 완전을 뜻합니다. pāramitā의 소리를 옮겨서 바라밀 또는 바라밀다라고 하고, 뜻을 옮겨서 도피안(度彼岸)이라고 합니다. 도피안은 피안 즉 깨달음의 세계에 도달하는 것을 말하며, 미혹과 번뇌의 세계인 차안(此岸)과 상대되는 말입니다. 보시·지계·인욕·정진·선정·반야의 여섯 바라밀에 방편·원·력·지의 네 가지를 더한 열 가지 덕목을 수행하는 것입니다. 열 가지 덕목을 자세히 살펴보면 다음과 같습니다.

01. 보시(布施)바라밀 : 산스크리트어로 다나–파라미타(dāna-pāramitā)라고 쓰고, 자비심에서 다른 이에게 조건 없이 베푸는 것입니다. 보시에는 의복과 음식물 등 물질적인 것을 베푸는 재시(財施)와 진리를 가르치는 법시(法施), 공포를 없애고 마음을 평안하게 하는 무외시(無畏施)가 있습니다.
02. 지계(持戒)바라밀 : 실라–파라미타(śīla-pāramitā)라고 쓰고, 계율을 지키고 범하지 않는 것입니다.
03. 인욕(忍辱)바라밀 : 크샨티–파라미타(kṣānti-pāramitā)라고 쓰고, 온갖 모욕과 고난을 겪고도 복수하려는 원한을 일으키지 않으며, 마음을 평안하게 하는 것을 뜻합니다.
04. 정진(精進)바라밀 : 비르야–파라미타(vīrya-pāramitā)라고 쓰고, 몸과 마음을 깨우치는 수행을 게을리 하지 않고 항상 용맹하게 나아가는 것입니다.
05. 선정(禪定)바라밀 : 드야나–파라미타(dhyāna-pāramitā)라고 쓰고, 진리를 사유하고, 마음을 한 곳에 모아 고요한 경지에 드는 것입니다.
06. 반야(般若)바라밀 : 프라즈냐–파라미타(prajñā-pāramitā)라고 쓰고, 실상(實相)을 비춰보는 진실한 지혜를 얻는 것입니다.
07. 방편(方便)바라밀 : 우파야–파라미타(upāya-pāramitā)라고 쓰고, 여러 가지 방법을 사용해서 사람들을 지혜로 인도하는 것입니다.
08. 원(願)바라밀 : 프라니다나–파라미타(praṇidhāna-pāramitā)라고 쓰고, 깨달음을 얻겠다는 서원을 지키고 또한 실천하는 것입니다.
09. 역(力)바라밀 : 발라–파라미타(bala-pāramitā)라고 쓰고, 수행을 실천하는 힘과 진위를 판별하는 지혜의 힘을 기르는 것입니다.
10. 지(智)바라밀 : 쟈나–파라미타(jñāna-pāramitā)라고 쓰고, 있는 그대로 모든 진실을 꿰뚫어 보는 지혜를 기르는 것입니다.

깨달음을 향해 나아가는 존재인 보살은 이 열 가지 덕목을 수행하여,
사람들이 고통에서 벗어나 열반의 언덕에 이르도록 도와줍니다.

The
2ND
story

The Mouse Merchant
Diligence and Gratitude

생쥐 장사꾼
부지런함과 감사함

Once upon a time, an important adviser to a certain king was on his way to a meeting with the king and other advisers. Out of the corner of his eye, he saw a dead mouse by the roadside. He said to those who were with him,

"Even from such small beginnings as this dead mouse, an energetic young fellow could build a fortune. If he worked hard and used his intelligence, he could start a business and support a wife and family."

A passer-by heard the remark. He knew this was a famous adviser to the king, so he decided to follow his words. He picked up the dead mouse by the tail and went off with it. As luck would have it, before he had gone even a block, a shopkeeper stopped him. He said,

"My cat has been pestering me all morning. I'll give you two copper coins for that mouse."

So it was done.

With the two copper coins, he bought sweet cakes, and waited by the side of the road with them and some water. As he expected, some people who picked flowers for making garlands were returning from work. Since they were all hungry and thirsty, they agreed to buy sweet cakes and water for the price of a bunch of flowers from each of them. In the evening, the man sold the flowers in the city. With some of the money, he bought more sweet cakes and returned the next day to sell to the flower pickers.

This went on for a while, until one day there was a terrible storm, with heavy rains and high winds. While walking by the king's pleasure garden, he saw that many branches had been blown off the trees and were lying all around. So he offered to the king's gardener that he would clear it all away for him, if he could keep the branches. The lazy gardener quickly agreed.

The Mouse Merchant 생쥐 장사꾼

옛날 옛적에 왕에게 조언을 해주는 영향력 있는 고문관(顧問官)이 있었는데 그는 왕과 다른 고문관들을 만나러 가는 길이었습니다. 고문관은 길가에서 죽은 생쥐를 흘낏 보게 되었습니다. 그는 함께 길을 가던 사람에게 말했습니다.

"죽은 생쥐처럼 작은 것으로 시작하더라도 활기찬 젊은이라면 돈을 벌 수 있을 것이야. 열심히 일하고 머리를 쓰면 장사를 할 수도 있고 아내와 가족을 부양할 수도 있지."

지나가던 어떤 사람이 이 말을 들었습니다. 그는 이 사람이 왕에게 조언하는 유명한 고문관이라는 것을 알고는 그의 말을 따르기로 결심했습니다. 그는 죽은 생쥐의 꼬리를 집어 들고 갔습니다. 행운이 따랐는지 큰길이 끝나기도 전에 가게 주인이 그를 불러 세웠습니다. 그가 말했습니다.

"우리 집 고양이가 아침 내내 귀찮게 구는군요. 그 생쥐를 동전 두 닢에 사겠소."

그래서 그렇게 했습니다.

그는 동전 두 닢으로 달콤한 과자를 사고, 물을 들고 길가에서 기다렸습니다. 그가 예상한 대로, 화환을 만들기 위해 꽃을 꺾는 사람들이 일터에서 돌아오고 있었습니다. 그 사람들은 모두 배가 고프고 목이 말랐기 때문에 각자 꽃 한 다발씩을 내고 과자와 물을 사갔습니다. 저녁 무렵 그는 시내에서 꽃을 팔았습니다. 약간의 돈이 모였고 그는 달콤한 과자를 더 많이 사서 꽃 꺾는 사람들에게 팔기 위해 다음날 되돌아왔습니다.

한동안 이렇게 계속했는데, 어느 날 폭우와 심한 바람을 동반한 폭풍이 불었습니다. 왕의 놀이동산 옆을 지나가던 그 사람은 폭풍에 부러진 나뭇가지들이 사방에 흩어져 있는 것을 보았습니다. 그래서 그는 왕의 정원사에게 동산을 깨끗이 치워줄 테니 나뭇가지를 갖게 해 달라고 했습니다. 게으른 정원사는 재빨리 그러라고 했습니다.

WORD STUDY

- **merchant** 장사꾼, 상인
- **adviser** 고문관(顧問官), 고문(顧問), 조언자
- **passer-by** 지나가는 사람, 행인
- **pester** ~을 괴롭히다, ~을 못살게 굴다.
- **a bunch of flowers** 꽃 한 다발
- **diligence** 부지런함, 근면
- **out of the corner of one's eye** 곁눈질로
- **remark** 의견, 설명
- **copper coin** 동전
- **gratitude** 감사
- **intelligence** 총명, 지혜
- **shopkeeper** 가게 주인
- **garland** 화환

The man found some children playing in a park across the street. They were glad to collect all the branches and brush at the entrance to the pleasure garden, for the price of just one sweet cake for each child.

Along came the king's potter, who was always on the lookout for firewood for his glazing oven. When he saw the piles of wood the children had just collected, he paid the man a handsome price for it. He even threw into the bargain some of his pots.

With his profits from selling the flowers and the firewood, the man opened up a refreshment shop. One day all the local grass mowers, who were on their way into town, stopped in his shop. He gave them free sweet cakes and drinks. They were surprised at his generosity and asked,

"What can we do for you?"

He said there was nothing for them to do now, but he would let them know in the future.

A week later, he heard that a horse dealer was coming to the city with 500 horses to sell. So he got in touch with the grass mowers and told each of them to give him a bundle of grass. He told them not to sell any grass to the horse dealer until he had sold his. In this way, he got a very good price.

Time passed until one day, in his refreshment shop, some customers told him that a new ship from a foreign country had just anchored in the port. He saw this to be the opportunity he had been waiting for. He thought and thought until he came up with a good business plan.

First, he went to a jeweler friend of his and paid a low price for a very valuable gold ring, with a beautiful red ruby in it. He knew that the foreign ship was from a country that had no rubies of its own, where gold too was expensive. So he gave the wonderful ring to the captain of the ship as an advance on his commission.

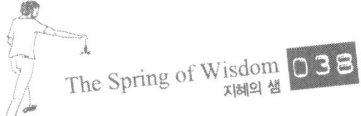

그 사람은 길 건너 놀이터에서 아이들이 놀고 있는 것을 보았습니다. 아이들은 달콤한 과자 한 개만으로도 즐겁게 나뭇가지를 줍고 놀이동산의 입구를 깨끗이 쓸었습니다.

왕의 옹기장이가 지나갔는데, 그는 옹기가마에 쓸 땔나무를 늘 찾아다녔습니다. 아이들이 주워서 모아놓은 나뭇더미를 본 옹기장이는 그 사람에게 후한 값을 쳐주고 나무를 사갔습니다. 옹기장이는 덤으로 옹기 몇 개를 주기까지 하였습니다.

꽃과 땔나무를 팔아서 번 돈으로 그는 다과점을 열었습니다. 어느 날 그 지역의 풀 베는 사람들이 마을로 들어오다가 가게에 들렀습니다. 그는 그 사람들에게 공짜로 달콤한 과자와 음료를 주었습니다. 그 사람들은 그의 관대함에 놀라며 물었습니다.

"우리가 도와드릴 일이 없을까요?"

그는 지금은 도와줄 일이 없으니 나중에 알려주겠다고 했습니다.

일주일 후에 그는 어떤 말 장수가 말 500마리를 팔러 이 도시에 온다는 말을 들었습니다. 그래서 그는 풀 베는 사람들에게 연락해서 풀을 한 뭉치씩 가져오라고 했습니다. 그 사람들에게 자신이 풀을 다 팔 때까지 말 장수에게 풀을 팔지 말아달라고 했습니다. 이렇게 해서 그는 좋은 값을 받을 수 있었습니다.

시간이 흘러가던 어느 날 다과점의 손님 한 명이 외국에서 들어온 배 한 척이 지금 막 항구에 닻을 내렸다고 그에게 알려주었습니다. 이번이야말로 그가 기다리던 기회라는 것을 알았습니다. 좋은 사업계획이 설 때까지 그는 생각하고 또 생각했습니다.

우선 그는 보석상을 하는 친구를 찾아가서 아름다운 붉은 루비가 상식된 매우 값진 황금 반지를 싼 값으로 샀습니다. 그는 그 외국 배가 루비가 없고 금값이 비싼 나라에서 왔다는 것을 알고 있었습니다. 그래서 배의 선장에게 아름다운 반지를 소개비로 미리 주었습니다.

WordStudy

- potter 옹기장이
- firewood 땔나무
- glazing oven 옹기가마
- handsome price 상당한 값. 후한 값
- into the bargain 덤으로
- refreshment shop 다과점
- mower 풀 베는 사람. 잔디 깎는 사람
- anchor 닻을 내리다. 정박하다
- commission 수수료

To earn this commission, the captain agreed to send all his passengers to him as a broker. He would then lead them to the best shops in the city. In turn, the man got the merchants to pay him a commission for sending customers to them.

Acting as a middle man in this way, after several ships came into port, the man became very rich. Being pleased with his success, he also remembered that it had all started with the words of the king's wise adviser. So he decided to give him a gift of 100,000 gold coins. This was half his entire wealth. After making the proper arrangements, he met with the king's adviser and gave him the gift, along with his humble thanks.

The adviser was amazed, and he asked,

"How did you earn so much wealth to afford such a generous gift?"

The man told him it had all started with the adviser's own words not so long ago. They had led him to a dead mouse, a hungry cat, sweet cakes, bunches of flowers, storm damaged tree branches, children in the park, the king's potter, a refreshment shop, grass for 500 horses, a golden ruby ring, good business contacts, and finally a large fortune.

Hearing all this, the royal adviser thought to himself,

"It would not be good to lose the talents of such an energetic man. I too have much wealth, as well as my beloved only daughter. As this man is single, he deserves to marry her. Then he can inherit my wealth in addition to his own, and my daughter will be well cared for."

This all came to pass, and after the wise adviser died, the one who had followed his advice became the richest man in the city. The king appointed him to the adviser's position. Throughout his remaining life, he generously gave his money for the happiness and well being of many people.

　소개비를 받은 선장은 배에 탄 모든 승객을 중개인인 그에게 보내기로 하였습니다. 그리고 나서 그는 승객들을 도시에서 가장 좋은 상점으로 데리고 갔습니다. 이번에는 상점 주인들이 손님을 보내 준 소개비를 그에게 주었습니다.

　여러 척의 배가 항구에 들어오는 동안 이렇게 중개인 노릇을 하면서 그는 큰 부자가 되었습니다. 자신이 성공한 것이 기뻤지만, 이 모든 일이 왕의 고문관이 한 말에서 시작됐다는 것도 기억하고 있었습니다. 그래서 그는 고문관에게 금화 십만 냥을 선물로 보내기로 결심했습니다. 그 액수는 전 재산의 절반이나 되었습니다. 적절한 준비를 한 다음 그는 왕의 고문관을 만나서 공손히 감사함을 전하면서 선물을 전달하였습니다.

　고문관은 놀라서 물었습니다.

　"이렇게 넉넉한 선물을 할 정도의 큰 재산을 어떻게 모았습니까?"

　그 사람은 이 모든 일이 얼마 전에 고문관이 한 말에서부터 시작되었다는 것을 이야기했습니다. 고문관의 말이 그 사람을 죽은 생쥐에서 배고픈 고양이로, 달콤한 과자로, 꽃다발로, 폭풍에 부러진 나뭇가지로, 놀이터의 아이들로, 왕의 옹기장이로, 다과점으로, 말 500마리의 먹이 풀로, 황금 루비 반지로, 훌륭한 사업 수완으로 그리고 마침내 막대한 부로 인도하였습니다.

　이 모든 이야기를 들은 왕의 고문관은 혼자서 생각했습니다.

　"저렇게 활기 넘치고 재주 있는 사람을 놓치는 것은 좋은 일이 아니다. 나도 재산이 많지만 사랑스런 딸은 하나뿐이다. 이 사람은 총각이고 내 딸과 결혼할 자격이 있다. 그렇게 되면 이 사람은 내 재산을 물려받아 자기 재산을 늘릴 것이고, 내 딸도 보살핌을 잘 받을 것이다."

　모든 일이 그렇게 되었고, 현명한 고문관이 죽은 뒤에, 그의 조언을 따랐던 그 사람은 도시에서 가장 부유한 사람이 되었습니다. 왕은 그를 고문관으로 임명하였습니다. 남은 생애 동안 그는 많은 사람들의 행복과 평안을 위해서 자신의 재산을 아낌없이 베풀었습니다.

WORDSTUDY

□ **broker** 중개인　　　□ **arrangement** 준비　　　□ **money** 재산

새록새록 깊어지는 지혜의 샘 The Mouse Merchant
생쥐 장사꾼

With energy and ability,
great wealth comes even from small beginnings.

힘과 능력을 다하면 작게 시작하더라도 큰 부를 이루게 된다.

The **3RD** Story

The One-hundredth Prince
Obedience to a Wise Teacher

백 번째 왕자
현명한 스승에게 순종하기

Once upon a time, there was a king who had one hundred sons. The youngest, the one-hundredth, was Prince Gamani. He was very energetic, patient and kind.

All the princes were sent to be taught by teachers. Prince Gamani, even though he was the one-hundredth in line to the throne, was lucky enough to have the best teacher. He had the most learning and was the wisest of them of all. He was like a father to Prince Gamani, who liked, respected and obeyed him.

In those days, it was the custom to send each educated prince to a different province. There he was to develop the country and help the people. When Prince Gamani was old enough for this assignment, he went to his teacher and asked which province he should request. He said,

"Do not select any province. Instead, tell your father the king that if he sends you, his one-hundredth son, out to a province, there will be no son remaining to serve him in his home city."

Prince Gamani obeyed his teacher, and pleased his father with his kindness and loyalty.

Then the prince went again to his teacher and asked, "How best can I serve my father and the people, here in the capital city?"

The wise teacher replied, "Ask the king to let you be the one to collect fees and taxes, and distribute benefits to the people. If he agrees, then carry out your duties honestly and fairly, with energy and kindness."

Again the prince followed his teacher's advice. Trusting his one-hundredth son, the king was glad to assign these functions to him. When he went out to perform the difficult task of collecting fees and taxes, the young prince was always gentle, fair and lawful.

아주 먼 옛날에 아들을 백 명이나 둔 왕이 있었습니다. 가장 나이 어린 백 번째 아들이 가마니 왕자였습니다. 왕자는 매우 씩씩하고 참을성 많고 친절하였습니다.

모든 왕자들은 스승에게 가서 가르침을 받았습니다. 가마니 왕자는 비록 왕위 계승 서열이 백 번째이지만, 운이 좋아서 가장 훌륭한 스승님을 만났습니다. 그 스승님은 가장 공부를 많이 했고 가장 현명한 분이었습니다. 스승님은 가마니 왕자에게 아버지와 같아서, 왕자는 그를 좋아하고 존경하고 순종하였습니다.

그 당시에는 교육받은 왕자를 각기 다른 지방으로 보내는 풍습이 있었습니다. 그 곳에서 왕자는 나라를 발전시키고 사람들을 도왔습니다. 가마니 왕자가 이 임무를 감당할 만큼 충분히 나이가 들게 되자, 왕자는 스승에게 찾아가서 자신이 어느 지방으로 가야 하는 지를 물었습니다. 스승이 말했습니다.

"어느 지방도 선택하지 마십시오. 그 대신 아버지인 왕께서 백 번째 아들인 왕자님까지 지방으로 보내버리면, 왕의 고향인 이 도시에는 왕을 보좌할 아들이 아무도 없게 된다고 말씀하십시오."

가마니 왕자는 스승의 말씀을 따랐고, 친절함과 충성으로 아버지를 기쁘게 했습니다.

그리고 나서 왕자는 다시 스승을 찾아가서 물었습니다. "이 수도에서 제가 어떻게 해야 아버지와 시민들에게 가장 잘 봉사할 수 있겠습니까?"

현명한 스승이 대답했습니다. "왕자님이 공공요금과 세금을 걷게 해 달라고 왕에게 청하십시오. 그리고 그 이익을 사람들에게 나눠주십시오. 만약 왕께서 허락하면, 정직하고 공평하며 활기차고 친절하게 그 의무를 행하십시오."

왕자는 다시 스승의 조언을 따랐습니다. 왕은 백 번째 아들을 믿었기 때문에 기꺼이 그 일을 맡겼습니다. 공공요금과 세금을 걷어 들이는 어려운 임무를 수행하러 나갈 때면 젊은 왕자는 항상 부드럽고 공평하고 법에 맞게 행했습니다.

WORDSTUDY

- **obedience** 순종하기
- **assignment** 임무
- **assign** 임명하다
- **throne** 왕위, 왕권
- **fee** 공공요금
- **custom** 풍습, 관습
- **tax** 세금

When he distributed food to the hungry, and other necessary things to the needy, he was always generous, kind and sympathetic. Before long, the one-hundredth prince gained the respect and affection of all.

Eventually, the king came to be on his deathbed. His ministers asked him who should be the next king. He said that all his one-hundred sons had a right to succeed him. It should be left up to the citizens.

After he died, all the citizens agreed to make the one-hundredth prince their next ruler. Because of his goodness, they crowned him King Gamani the Righteous.

When the ninety-nine older brothers heard what had happened, they thought they had been insulted. Filled with envy and rage, they prepared for war. They sent a message to King Gamani, which said,

"We are all your elders. Neighbor countries will laugh at us if we are ruled by the one-hundredth prince. Either you give up the kingdom or we will take it by war!"

After he received this message, King Gamani took it with him to his wise old teacher, and asked his advice. It just so happened that this honorable gentle teacher was the reborn Enlightenment Being. He said,

"Tell them you refuse to wage war against your brothers. Tell them you will not help them kill innocent people you have come to know and love. Tell them that, instead, you are dividing the king's wealth among all one-hundred princes. Then send each one his portion."

Again the king obeyed his teacher.

Meanwhile, the ninety-nine older princes had brought their ninety-nine small armies to surround the royal capital. When they received the king's message and their small portions of the royal treasure, they held a meeting. They decided that each portion was so small it was almost meaningless. Therefore, they would not accept them.

배고픈 사람들에게 음식을 나눠주거나 가난한 사람들에게 필요한 물건을 나눠줄 때면 왕자는 늘 너그럽고 친절하고 동정심에 가득 찼습니다. 오래지 않아서 백 번째 왕자는 모든 사람들의 존경과 사랑을 얻었습니다.

마침내 왕이 세상을 떠나게 되었습니다. 대신들이 누가 다음 왕이 될 것인지 물었습니다. 왕은 백 명의 왕자 모두가 왕위를 계승할 권리가 있다고 말했습니다. 그래서 왕위 계승은 시민들에게 맡겨졌습니다.

왕이 돌아가신 뒤에, 모든 시민들은 백 번째 왕자가 다음 왕이 되는 데 찬성하였습니다. 왕자가 선량하기 때문에 시민들은 왕자를 정의의 왕 가마니라고 하며 왕위에 앉혔습니다.

이 소식을 들은 아흔 아홉 명의 형님들은 모욕을 당했다고 생각했습니다. 질투와 분노에 가득 찬 그들은 전쟁을 준비했습니다. 그들은 가마니 왕에게 전갈을 보냈습니다.

"우리는 모두 너의 형님들이다. 우리가 백 번째 왕자의 다스림을 받는다면, 이웃나라에서 우리를 비웃을 것이다. 왕위를 포기해라. 그렇지 않으면 우리가 전쟁으로 차지하겠다!"

이러한 전갈을 받은 가마니 왕은 나이 많고 현명한 스승에게 가지고 가서 조언을 구했습니다. 고귀하며 온화한 스승은 깨달음으로 가는 분이 다시 태어난 것이었습니다. 스승은 말했습니다.

"형님들과 전쟁을 하고 싶지 않다고 말하십시오. 왕께서 알고 사랑해 왔던 죄 없는 사람들을 형님들이 죽이도록 하지 않겠노라고 말하십시오. 그 대신 부왕의 재산을 백 명의 모든 형제들과 나누겠다고 하십시오. 그리고 나서 각자의 몫을 보내십시오."

왕은 다시 한번 스승의 가르침을 따랐습니다.

그 동안 아흔 아홉 명의 형님 왕자들은 아흔 아홉 개의 작은 군대로 왕국의 수도를 포위했습니다. 왕의 전갈과 함께 각자 몫의 조그만 왕실 재산을 받고 나서 그들은 회의를 열었습니다. 각자가 받은 몫이 너무 작아서 거의 의미가 없다고 결정했습니다. 그래서 그 몫을 받지 않기로 했습니다.

WORDSTUDY
- insulted 모욕을 당한
- refuse 거절하다
- honorable 고귀한
- wage war 전쟁을 하다
- Enlightenment Being 깨달음으로 가는 분. 보살
- innocent 죄 없는

But then they realized that, in the same way, if they fought with King Gamani and then with each other, the kingdom itself would be divided into small worthless portions. Each small piece of the once-great kingdom would be weak in the face of any unfriendly country. So they sent back their portions of the royal treasure as offerings of peace, and accepted the rule of King Gamani.

The king was pleased, and invited his brothers to the palace to celebrate the peace and unity of the kingdom. He entertained them in the most perfect ways - with generosity, pleasant conversation, providing instruction for their benefit, and treating all with even-handed courtesy.

In this way the king and the ninety-nine princes became closer as friends than they had been as brothers. They were strong in their support of each other. This was known in all the surrounding countries, so no one threatened the kingdom or its people. After a few months, the ninety-nine brothers returned to their provinces.

King Gamani the Righteous invited his wise old teacher to live in the palace. He honored him with great wealth and many gifts. He held a celebration for his respected teacher, saying to the full court,

"I, who was the one-hundredth prince, among one-hundred worthy princes, owe all my success to the wise advice of my generous and understanding teacher. Likewise, all who follow their wise teachers' advice will earn prosperity and happiness. Even the unity and strength of the kingdom, we owe to my beloved teacher."

The kingdom prospered under the remainder of the generous and just rule of King Gamani the Righteous.

그리고 나서 이와 마찬가지로 만약 그들이 가마니 왕과 서로 싸운다면 왕국은 아무 가치 없는 작은 지역으로 나뉘게 될 것을 깨달았습니다. 커다란 왕국이 작은 지역으로 각각 나뉘게 되면, 사이좋지 않은 어떤 나라와도 대항하기에는 약할 것입니다. 그래서 그들은 평화의 선물로 받은 자기 몫의 왕실 재산을 돌려보내고는 가마니 왕의 통치를 받아들였습니다.

왕은 기뻐하면서, 왕국의 평화와 단결을 축하하기 위해 형님들을 왕궁으로 초대하였습니다. 왕은 형님들을 가장 완전한 방법으로 대접하였습니다. 그것은 너그러움과 즐거운 대화, 형님들에게 이익이 되는 사항을 알려주는 것과 모두를 공평하게 대접하는 것 등이었습니다.

이렇게 해서 왕과 아흔 아홉 명의 왕자들은 형제로 있을 때보다 더 가까운 친구가 되었습니다. 그들은 서로를 탄탄하게 뒷받침했습니다. 이 일이 주변 나라들에 알려지게 되자 어떠한 나라도 이 나라와 그 백성을 위협하지 못했습니다. 몇 달이 지난 후 아흔 아홉 명의 형님들은 각자의 지방으로 돌아갔습니다.

정의의 왕 가마니는 나이 많고 현명한 스승을 왕궁에 들어와서 살도록 하였습니다. 왕은 스승에게 큰 재산과 많은 선물을 주어서 명예롭게 하였습니다. 왕은 존경하는 스승을 위해 잔치를 열고 왕궁에 가득 모인 사람들에게 말했습니다.

"백 명의 훌륭한 왕자들 가운데 백 번째 왕자였던 나의 모든 성공은 너그럽고 이해심 많은 스승의 현명한 조언 덕분입니다. 이와 마찬가지로, 현명한 스승의 조언을 따르는 사람은 누구나 성공하고 행복해질 것입니다. 왕국의 단결과 힘조차도 나의 사랑하는 스승님 덕분입니다."

왕국은 정의의 왕 가마니의 너그럽고 정의로운 다스림 아래서 번성하였습니다.

□ **even-handed** 공평한. 공명정대한

새록새록 깊어지는 **지혜의 샘** The One-hundredth Prince 백 번째 왕자

One is rewarded a hundred-fold for following the advice of a wise teacher.

현명한 스승의 조언을 따르면 백 배로 보상받는다.

rebirth 환생

환생(還生)은 인도에서 옛날부터 전해 내려오는 사상으로 사람이 죽었다가 다시 태어나고, 태어나서 살다가 죽는 것을 몇 번이고 반복하는 것을 말합니다. 이렇게 반복해서 죽고 다시 태어나는 것을 불교에서는 윤회(輪廻)라고 말합니다. 윤회는 산스크리트어로 상사라(saṁsāra)라고 하는데, 원래 뜻은 '흐르는 것(going, wandering through, undergoing transmigration)'이며, 흔히 수레바퀴로 상징됩니다. 수레바퀴가 한 바퀴 돌아 제자리로 돌아가듯이 사람도 역시 이번 생애에서 다음 생애로 돌아간다는 의미입니다. 살아있는 동안 지은 업(業, karma)에 따라 하늘의 신(deva)·사람(manuṣya)·아수라(asura)·동물(tiryagyoni)·아귀(preta)·지옥(naraka)의 여섯 가지 삶의 모습 가운데 하나를 취해서 다시 태어나게 됩니다. 이것을 육도윤회(六道輪廻)라고 하는데, 어떤 세계에 다시 태어날지는 살아있는 동안 행한 행위와 그 결과의 총체인 업(業, karma)에 따라 결정됩니다. 선행을 행해서 좋은 업을 많이 지은 이들은 하늘의 신·사람·아수라의 세 가지 선한 길 가운데 하나를 가게 되고, 악행을 행해서 나쁜 업을 많이 지은 이들은 동물·아귀·지옥의 세 가지 악한 길 가운데 하나를 가게 됩니다.

The 4TH story

Demons in the Desert
The Correct Way of Thinking

사막의 마귀들
바르게 생각하기

Once upon a time there were two merchants, who were friends. Both of them were getting ready for business trips to sell their merchandise, so they had to decide whether to travel together. They agreed that, since each had about 500 carts, and they were going to the same place along the same road, it would be too crowded to go at the same time.

One decided that it would be much better to go first. He thought,

"The road will not be rutted by the carts, the bullocks will be able to choose the best of all the grass, we will find the best fruits and vegetables to eat, my people will appreciate my leadership and, in the end, I will be able to bargain for the best prices."

The other merchant considered carefully and realized there were advantages to going second. He thought,

"My friend's carts will level the ground so we won't have to do any road work, his bullocks will eat the old rough grass and new tender shoots will spring up for mine to eat. In the same way, they will pick the old fruits and vegetables and fresh ones will grow for us to enjoy. I won't have to waste my time bargaining when I can take the price already set and make my profit."

So he agreed to let his friend go first. This friend was sure he'd fooled him and gotten the best of him - so he set out first on the journey.

옛날 옛적에 두 명의 상인이 있었는데, 그들은 친구였습니다. 두 사람은 모두 물건을 팔러가는 여행 준비를 마치고 나서 함께 여행을 갈 것인지 결정해야 했습니다. 각각 500수레 분량의 짐을 가지고 같은 곳을 향해서 같은 길을 가야 했기 때문에 동시에 가는 것은 매우 복잡할 것이라는 점에 의견이 같았습니다.

두 상인 중 한 상인이 먼저 떠나는 것이 훨씬 좋겠다는 결정을 내렸습니다. 그는 생각했습니다.

"길에는 바퀴자국이 나지 않을 것이고, 황소들은 가장 좋은 풀을 골라 뜯을 것이며, 우리는 가장 좋은 과일과 야채를 먹게 될 것이며, 나와 함께 가는 사람들은 내 지도력을 높이 평가할 것이고, 결국 나는 가장 좋은 값으로 흥정하게 될 것이다."

다른 상인은 신중하게 생각해보고 나서 두 번째로 가는 것이 이롭다는 것을 알았습니다. 그는 생각했습니다.

"내 친구의 수레가 길을 평평하게 만들어서 우리는 길을 다듬을 필요가 없고, 그의 황소들이 오래되고 거센 풀을 뜯어먹을 것이고 새로 돋아난 연한 잎은 우리 소가 먹게 될 것이다. 같은 이치로 그들은 오래된 과일과 야채를 먹을 것이고 신선한 것은 우리가 즐기게 될 것이다. 이미 정해진 값을 받으면 흥정하느라 시간을 낭비할 필요가 없을 것이고 이익만 챙기면 된다."

그래서 그는 친구가 먼저 떠나는 데 찬성했습니다. 먼저 떠나는 친구는 다른 친구를 속였다고 확신하고는 그를 잘 이용했다고 생각했습니다. 그래서 그는 먼저 여행길을 떠났습니다.

WORDSTUDY

- **merchandise** 물건, 상품
- **bullock** 숫소
- **level** (표면을) 평평하게 하다
- **rut** 바퀴자국을 내다
- **appreciate** 높이 평가하다
- **shoot** 새로 나온 잎
- **cart** 수레
- **bargain** 흥정하다, 매매하다
- **profit** 이익

The merchant who went first had a troublesome time of it. They came to a wilderness called the 'Waterless Desert', which the local people said was haunted by demons. When the caravan reached the middle of it, they met a large group coming from the opposite direction. They had carts that were mud smeared and dripping with water. They had lotuses and water lilies in their hands and in the carts. The head man, who had a know-it-all attitude, said to the merchant,

"Why are you carrying these heavy loads of water? In a short time you will reach that oasis on the horizon with plenty of water to drink and dates to eat. Your bullocks are tired from pulling those heavy carts filled with extra water - so throw away the water and be kind to your overworked animals!"

Even though the local people had warned them, the merchant did not realize that these were not real people, but demons in disguise. They were even in danger of being eaten by them. Being confident that they were helpful people, he followed their advice and had all his water emptied onto the ground.

As they continued on their way, they found no oasis or any water at all. Some realized they'd been fooled by beings that might have been demons, and started to grumble and accuse the merchant. At the end of the day all the people were tired out. The bullocks were too weak from lack of water to pull their heavy carts. All the people and animals lay down in a haphazard manner and fell into a deep sleep. Lo and behold, during the night the demons came in their true frightening forms and gobbled up all the weak defenseless beings. When they were done there were only bones lying scattered around - not one human or animal was left alive.

먼저 출발한 상인이 곤란을 당하게 되었습니다. 그들은 '물 없는 사막'이라고 불리는 황야에 도달했는데, 그 지역 사람들의 말로는 마귀들이 나타나는 곳이라고 하였습니다. 대상(隊商)이 사막 한 가운데 도달하였을 때 반대편에서 오는 한 무리를 만났습니다. 그 사람들은 물이 뚝뚝 떨어지고 진흙이 묻어있는 수레를 몰고 있었습니다. 수레와 손에 연꽃과 수련이 있었습니다. 모든 것을 다 아는 듯한 대장이 상인에게 말했습니다.

"이렇게 무거운 물을 왜 가지고 다닙니까? 이제 곧 당신은 마실 물도 풍부하고 먹을 대추야자도 있는 저 지평선 위의 오아시스에 도착할 텐데요. 황소들이 여분의 물을 실은 수레를 끄느라 지쳐있군요. 물을 버리고 지친 동물들에게 친절을 베푸시오!"

그 지역 사람들이 주의를 주었는데도 불구하고 상인은 이들이 사람이 아니고 마귀가 위장한 것을 알지 못했습니다. 대상은 마귀에게 잡아먹힐 위험에 처하게 되었습니다. 마귀를 도움이 되는 사람이라고 믿은 상인은 그들의 충고대로 가지고 간 물을 모두 땅에 쏟아버렸습니다.

길을 계속 갔지만 그들은 오아시스나 물을 전혀 발견하지 못했습니다. 몇몇 사람들은 마귀일지도 모르는 이들에게 농락당했다는 것을 알고는 투덜대면서 상인을 탓하기 시작했습니다. 날이 저물 무렵 모든 사람들이 녹초가 되었습니다. 황소들은 물을 마시지 못해서 무거운 수레를 끌기에는 너무 약해졌습니다. 사람과 짐승들 모두가 아무렇게나 누워 깊은 잠에 빠졌습니다. 놀랍게도, 밤이 되자 마귀들이 본래의 무시무시한 모습으로 다가와서 힘없이 무방비 상태로 자고 있던 이들을 모두 게걸스럽게 잡아먹어 버렸습니다. 마귀들이 모두 잡아먹고 나자, 그 곳에는 뼈만 흩어져 있었습니다. 한 명의 사람이나 한 마리의 동물도 살아남지 못했습니다.

WORDSTUDY

- **troublesome** 곤란한
- **desert** 사막
- **opposite** 반대편의, 맞은편의
- **dripping** 흠뻑 젖은
- **extra** 여분의
- **confident** 확신하고 있는
- **be tired out** 녹초가 되다
- **gobble** 게걸스럽게 먹다
- **wilderness** 황야, 황무지
- **haunt** (유령 등이) 출몰(出沒)하다
- **mud** 진흙
- **horizon** 지평선
- **overwork** 과로시키다
- **grumble** 투덜거리다
- **haphazard** 아무렇게나
- **defenseless** 무방비의
- **waterless** 물이 없는, 마른
- **caravan** (사막의) 대상(隊商)
- **smear** ~을 바르다
- **date** 대추야자
- **disguise** 변장, 위장
- **accuse** ~를 비난하다
- **lo and behold** 놀랍게도

After several months, the second merchant began his journey along the same way. When he arrived at the wilderness, he assembled all his people and advised them.

"This is called the 'Waterless Desert' and I have heard that it is haunted by demons and ghosts. Therefore we should be careful. Since there may be poison plants and foul water, don't drink any local water without asking me."

In this way they started into the desert.

After getting about half-way through, in the same way as with the first caravan, they were met by the watersoaked demons in disguise. They told them the oasis was near and they should throw away their water. But the wise merchant saw through them right away. He knew it didn't make sense to have an oasis in a place called 'Waterless Desert'. And besides, these people had bulging red eyes and an aggressive and pushy attitude, so he suspected they might be demons. He told them to leave them alone saying,

"We are business men who don't throw away good water before we know where the next is coming from."

Then, seeing that his own people had doubts, the merchant said to them,

"Don't believe these people, who may be demons, until we actually find water. The oasis they point to may be just an illusion or a mirage. Have you ever heard of water in this 'Waterless Desert'? Do you feel any rain-wind or see any storm clouds?"

They all said,

"No",

and he continued,

Demons in the Desert
사막의 마귀들

057

몇 달 후에 두 번째 상인이 같은 길을 따라서 여행을 떠났습니다. 그 황야에 도착하자 상인은 사람들을 모두 모아놓고 주의를 주었습니다.

"이 곳은 '물 없는 사막'이라고 불리는데, 마귀와 귀신이 산다고 들었습니다. 그러므로 우리는 조심해야 합니다. 독이 있는 식물이나 더러운 물일지도 모르기 때문에 나에게 묻지 않고 아무 물이나 마시지 마십시오."

이렇게 그들은 사막으로 들어가기 시작하였습니다.

중간쯤 갔을 때, 첫 번째 대상과 같은 방식으로, 그들은 변장하고 물을 뚝뚝 흘리는 마귀들을 만났습니다. 마귀들은 대상에게 오아시스가 가까이 있다면서 물을 버려야 한다고 말했습니다. 그러나 현명한 상인은 곧바로 그들을 꿰뚫어 보았습니다. 상인은 '물 없는 사막'이라고 불리는 곳에 오아시스가 있다는 것은 말이 되지 않는다는 것을 알았습니다. 게다가, 이들은 툭 튀어나온 붉은 눈에 공격적이고 억지가 센 태도였기 때문에, 상인은 그들이 마귀일지도 모른다고 의심했습니다. 상인은 그들에게 간섭하지 말고 가라고 말했습니다.

"우리는 물이 있는 다음 장소를 알기 전에는 좋은 물을 버리지 않는 상인들입니다."

그리고 나서, 일행이 의심하는 것을 보고는 상인은 그들에게 말했습니다.

"우리가 실제로 물을 찾아내기 전까지는 이 사람들을 믿지 마시오. 마귀일지도 모르니까요. 이 사람들이 가리키는 오아시스가 환영이나 신기루일지도 모릅니다. 이 '물 없는 사막'에 물이 있다는 소리를 들어본 적 있나요? 비바람이나 폭풍우가 될 구름이 보이나요?"

모두가
"아니오."
라고 대답하자, 상인은 계속해서 말했습니다.

WordStudy

- **assemble** 모으다
- **watersoak** 흠뻑 젖다
- **make sense** 이치에 닿다
- **pushy** 억지가 센
- **rain-wind** 비바람
- **poison** 독이 있는. 독
- **see through** 간파하다. 꿰뚫어 보다
- **bulging** 툭 튀어나온. 부풀어 오른
- **illusion** 환영
- **storm cloud** 폭풍우가 될 구름
- **foul** 더러운. 불결한
- **right away** 곧. 금방
- **aggressive** 공격적인
- **mirage** 신기루

"If we believe these strangers and throw away our water, then later we may not have any to drink or cook with - then we will be weak and thirsty - it would be easy for demons to come and rob us, or even eat us up! Therefore, until we really find water, do not waste even a drop!"

The caravan continued on its way and, that evening, reached the place where the first caravan's people and bullocks had been killed and eaten by the demons. They found the carts and human and animal bones lying all around. They recognized that the fully loaded carts and the scattered bones belonged to the former caravan. The wise merchant told certain people to stand watch around the camp during the night.

The next morning the people ate breakfast, and fed their bullocks well. They added to their goods the most valuable things left from the first caravan. So they finished their journey very successfully, and returned home safely so that they and their families could enjoy their profits.

"만약 우리가 이 낯선 사람들을 믿고 물을 버린다면, 나중에는 마시거나 요리할 물이 없게 될지도 모릅니다. 그러면 약해지고 목이 마르게 될 것입니다. 그러면 마귀들이 와서 우리를 약탈을 하거나 심지어 모두 잡아먹기 쉽게 되겠지요! 그렇기 때문에 실제로 물을 발견하기 전에는 한 방울의 물도 낭비해서는 안 됩니다!"

대상은 계속해서 길을 갔고 그날 저녁 무렵 첫 번째 대상의 사람들과 황소들이 마귀들에게 잡아먹힌 곳에 도착하였습니다. 수레와 사람과 동물의 뼈가 온 사방에 흩어져 있는 것을 발견했습니다. 짐이 가득 실린 수레와 흩어져 있는 뼈들이 첫 번째 대상의 것임을 알았습니다. 현명한 상인은 몇몇 사람들에게 밤 동안 야영지 주위에서 보초를 서도록 하였습니다.

다음날 아침 사람들은 아침을 먹고 나서 황소들을 잘 먹였습니다. 그들은 첫 번째 대상의 짐에서 가장 값진 물건을 자신의 물건에 추가시켰습니다. 그리하여 그들은 여행을 성공적으로 끝냈고, 무사히 집으로 돌아와서 가족과 함께 이익을 즐겼습니다.

WORDSTUDY
□ rob 약탈하다　　　□ loaded 짐을 실은　　　□ belong to ~에게 속하다

새록새록 깊어지는 **지혜의 샘** Demons in the Desert
사막의 마귀들

One must always be wise enough not to be fooled by tricky talk and false appearances.

사람은 교활한 말과 가장된 겉모습에 속지 않을 정도로 항상 현명해야 한다.

The 5TH Story

The Monkey King and the Water Demon
Attentiveness

원숭이 왕과 물귀신
주의깊음

Once upon a time, far away in a deep forest, there was a nation of 80,000 monkeys. They had a king who was unusually large, as big as a fawn. He was not only big in body, he was also 'large in mind'. After all, he was the Bodhisatta - The Enlightenment Being.

One day, he advised his monkey nation by saying,

"My subjects, there are poisonous fruits in this deep forest, and ponds possessed by demons. So if you see any unusual fruit or unknown pond, do not eat or drink until you ask me first."

Paying close attention to their wise king, all the monkeys agreed to follow his advice.

Later on, they came to an unknown pond. Even though they were all tired out and thirsty from searching for food, no one would drink without first asking the monkey king. So they sat in the trees and on the ground around the pond.

When he arrived, the monkey king asked them,

"Did anyone drink the water?"

They replied,

"No, your majesty, we followed your instruction."

He said,

"Well done!"

Then he walked along the bank, around the pond. He examined the footprints of the animals that had gone into the water, and saw that none came out again! So he realized this pond must be possessed by a water demon. He said to the 80,000 monkeys,

"This pond is possessed by a water demon. Do not anybody go into it."

오랜 옛날 머나먼 곳 깊은 숲속에 80,000마리의 원숭이들이 사는 나라가 있었습니다. 원숭이들에게는 아기 사슴만큼이나 큰, 이상스럽게도 커다란 왕이 있었습니다. 원숭이 왕은 몸만 큰 것이 아니라, '넓은 마음'도 지니고 있었습니다. 어쨌든 그는 보살, 깨달음으로 가는 분이었습니다.

어느 날 원숭이 왕은 온 나라에 다음과 같은 말로 충고했습니다.

"나의 백성들이여, 이 깊은 숲에는 독이 있는 과일과 물귀신들이 사는 연못이 있다. 그러므로 어떤 이상한 과일이나 알려지지 않은 연못을 보거든, 나에게 먼저 묻기 전에는 물을 마시거나 과일을 먹지 마라."

현명한 왕의 말에 깊이 관심을 가지고 모든 원숭이들은 왕의 충고를 따르기로 동의했습니다.

후에 원숭이들은 그들에게 알려지지 않은 연못에 가게 되었습니다. 원숭이들은 모두 먹을 것을 찾느라 목이 마르고 지쳐있었지만, 아무도 원숭이 왕에게 먼저 묻지 않고는 물을 마시려고 하지 않았습니다. 그래서 원숭이들은 연못 주위의 땅바닥과 나무 위에 앉았습니다.

원숭이 왕이 도착해서 물었습니다.

"누구든지 물을 마셨느냐?"

원숭이들이 대답하였습니다.

"아니오, 왕이시여, 우리는 당신의 지시를 따랐습니다."

왕이 말했습니다.

"잘했다!"

그리고 나서 왕은 연못 주위의 둑을 따라서 걸었습니다. 왕은 물속으로 걸어간 동물들의 발자국을 조사했는데, 어떤 동물도 다시 나오지 않았다는 것을 알았습니다! 그래서 왕은 이 연못은 물귀신에게 사로잡혀 있다는 것을 알았습니다. 왕은 80,000마리의 원숭이들에게 말했습니다.

"이 연못은 물귀신에게 사로잡혀 있다. 어느 누구도 이 안으로 들어가서는 안 된다."

WORDSTUDY

- **Bodhisatta** 보살
- **the Enlightenment Being** 깨달음으로 가는 분. 보살
- **be possessed by** ~에 홀리다, ~에 사로잡히다
- **bank** 둑. 제방

After a little while, the water demon saw that none of the monkeys went into the water to drink. So he rose out of the middle of the pond, taking the shape of a frightening monster. He had a big blue belly, a white face with bulging green eyes, and red claws and feet. He said,

"Why are you just sitting around? Come into the pond and drink at once!"

The monkey king said to the horrible monster,

"Are you the water demon who owns this pond?"

"Yes, I am,"

said he.

"Do you eat whoever goes into the water?"

asked the king.

"Yes, I do,"

he answered,

"including even birds. I eat them all. And when you are forced by your thirst to come into the pond and drink, I will enjoy eating you, the biggest monkey, most of all!"

He grinned, and saliva dripped down his hairy chin.

But the monkey king with the well trained mind remained calm. He said,

"I will not let you eat me or a single one of my followers. And yet, we will drink all the water we want!"

　얼마 후에, 물귀신은 물을 마시러 들어오는 원숭이는 한 마리도 없는 것을 알게 되었습니다. 그래서 물귀신은 무시무시한 괴물의 모습으로 연못 한 가운데서 솟아올랐습니다. 물귀신은 커다란 푸른 배에 초록색 눈이 튀어나온 하얀 얼굴을 하고 발에는 붉은 발톱과 발을 하고 있었습니다. 물귀신이 말했습니다.

　"당신들은 왜 가만히 앉아만 있는 거요? 얼른 연못에 들어와서 물을 마셔요!"

　원숭이 왕이 무시무시한 괴물에게 말했습니다.

　"당신이 이 연못을 차지하고 있는 물귀신입니까?"

　"그렇소."

　라고 물귀신이 말했습니다.

　"물속으로 들어가는 것은 무엇이든 잡아먹습니까?"

　왕이 물었습니다.

　"그렇소."

　물귀신이 말했습니다.

　"새까지도. 나는 모든 것을 잡아먹소. 그리고 당신이 목이 말라 연못에 들어와 물을 마시게 될 때, 나는 가장 큰 원숭이인 당신을 가장 먼저 즐겁게 먹어버릴 것이오!"

　물귀신은 싱긋 웃으면서, 털복숭이 턱밑으로 침을 흘렸습니다.

　그러나 잘 다스려진 마음을 지닌 원숭이 왕은 침착했습니다. 왕은 말했습니다.

　"나 자신이나 내 부하들 가운데 어느 한 마리도 잡아먹지 못하게 할 것이오. 그리고 우리는 원하는 만큼 물을 마실 것이오!"

WORD STUDY

- □ **bulging** 부풀어 오른. 튀어나온
- □ **grin** 싱긋이 웃다
- □ **chin** 턱
- □ **claw** (갈고리) 발톱
- □ **saliva** 침. 타액
- □ **thirst** 목마름. 갈증
- □ **hairy** 털이 많은. 털투성이의

The water demon grunted,

"Impossible! How will you do that?"

The monkey king replied,

"Each one of the 80,000 of us will drink using bamboo shoots as straws. And you will not be able to touch us!"

Of course, anyone who has seen bamboo knows there is a difficulty. Bamboo grows in sections, one after another, with a knot between each one. Any one section is too small, so the demon could grab the monkey, pull him under and gobble him up. But the knots make it impossible to sip through more than one section.

The monkey king was very special, and that is why so many followed him. In the past, he had practiced goodness and trained his mind with such effort and attention, that he had developed very fine qualities of mind. This is why he was said to be 'large in mind', not because he simply had a 'big brain'.

The Enlightenment Being was able to keep these fine qualities in his mind, and produce a very unlikely event - a miracle. First, he took a young bamboo shoot, blew through it to make the knots disappear, and used it to sip water from the pond. Then, amazing as it may sound, he waved his hand and all the bamboo growing around that one pond lost their knots. They became a new kind of bamboo.

Then, all his 80,000 followers picked bamboo shoots and easily drank their fill from the pond. The water demon could not believe his green eyes. Grumbling to himself, he slid back under the surface, leaving only gurgling bubbles behind.

물귀신은 투덜거렸습니다.
"말도 안 되지! 어떻게 그렇게 하겠소?"
원숭이 왕이 대답했습니다.
"우리 80,000마리 원숭이들 각자가 대나무를 빨대로 해서 물을 마실 것이오. 그러면 당신은 우리를 손댈 수 없을 것이오!"

물론, 대나무를 본 적이 있는 사람이라면 누구나 그것이 어렵다는 것을 압니다. 대나무는 마디가 차례로 자라기 때문에 각 마디 사이에 매듭이 있습니다. 한 마디는 너무 짧아서, 물귀신이 원숭이를 움켜쥐고 끌어내려 삼켜버릴 수 있습니다. 그리고 매듭이 있기 때문에 물을 한 마디 이상 빨아올릴 수 없습니다.

원숭이 왕은 아주 특별했고 그런 이유로 많은 추종자들이 그를 따랐습니다. 먼 과거에 왕은 선을 행했고, 노력과 주의집중으로 마음을 훈련시켰으며, 대단히 훌륭한 품성을 개발하였습니다. 이런 이유로 원숭이 왕은 그저 '머리가 좋다'는 말이 아니라 '마음이 크다'는 말을 듣게 되었습니다.

깨달음으로 가는 존재는 이와 같은 훌륭한 품성을 지닐 수 있게 되었고, 기적과 같은 믿기 어려운 사건을 일으킬 수 있었습니다. 그는 먼저 어린 대나무 가지를 집어서, 불어서 매듭을 없애고, 그 가지로 연못의 물을 빨아 마셨습니다. 그리고 나서, 참으로 놀랄 일이지만, 그는 손을 흔들어서 연못 주위에 자라는 모든 대나무의 매듭을 없앴습니다. 대나무들은 새로운 종류의 대나무가 되었습니다.

그리고 나서 80,000마리의 부하들 모두는 대나무 가지를 집어서 연못에서 쉽게 물을 실컷 마셨습니다. 물귀신은 자신의 초록색 눈을 믿을 수 없었습니다. 물귀신은 혼자 투덜거리며, 꾸루룩거리는 물거품을 남기고는, 물밑으로 미끄러져 들어갔습니다.

WordStudy

- **grunt** 투덜거리다
- **straw** 빨대
- **bamboo** 대나무
- **grumble** 불평하다. 툴툴대다
- **shoot** 새로 나온 가지
- **gurgle** 꾸르륵 거리다

새록새록 깊어지는 **지혜의 샘** — The Monkey King and the Water Demon 원숭이 왕과 물귀신

Test the water before jumping in.

뛰어들기 전에 물을 살펴보라.

Bodhisatta 보살

보살(菩薩)은 빨리어(pāli)로 보디사타(Bodhisatta)라고 하고, 산스크리트어(sanskrit)로는 보디사트바(Bodhisattva)라고 합니다. '깨달음으로 가는 존재' 즉 the Enlightenment Being이라고 풀이합니다. 보디(bodhi)는 깨달음을 뜻하고, 사타(satta) 또는 사트바(sattva)는 (생명이 있는) 존재 즉 중생(衆生)을 뜻합니다. 그래서 보디사타(Bodhisattva)는 '깨달음으로 가는 존재', '깨달음을 추구하는 존재' 또는 '깨달음을 향해서 나아가는 분'이라는 뜻입니다. 보살의 뜻을 좀 더 자세하게 풀이하면 '깨달음을 얻어서, 고통스러워하는 중생을 구제하겠다고 서원하고 긴 여정의 수행을 시작한 사람(one who makes vows to attain enlightenment and to save suffering beings, and thus sets out on a long course of practice)' 입니다. 그래서 깨달음을 얻기 전의 석가모니 부처님을 보살이라고 부르기도 하고, 석가모니 부처님의 전생을 보살이라 부르기도 합니다. 그리고 '깨달은 분'은 부처님 즉 붓다(Buddha)라고 부릅니다.

The 6TH story

The Wind-deer and the Honey-grass
The Craving for Taste

바람사슴과 꿀풀
맛에 대한 갈망

Once upon a time, the King of Benares had a gardener who looked after his pleasure garden. Animals sometimes came into the garden from the nearby forest.

The gardener complained about this to the king, who said,

"If you see any strange animal, tell me at once."

One day, he saw a strange kind of deer at the far end of the garden. When he saw the man, he ran like the wind. That is why they are called 'wind-deer'. They are a rare breed, that are extremely timid. They are very easily frightened by human beings.

The gardener told the king about the wind-deer. He asked the gardener if he could catch the rare animal.

He replied,

"My lord, if you give me some bee's honey, I could even bring him into the palace!"

So the king ordered that he be given as much bee's honey as he wanted.

This particular wind-deer loved to eat the flowers and fruits in the king's pleasure garden. The gardener let himself be seen by him little by little, so he would be less frightened. Then he began to smear honey on the grass where the wind-deer usually came to eat.

Sure enough, the deer began eating the honey-smeared grass. Soon he developed a craving for the taste of this 'honey-grass'. The craving made him come to the garden every day. Before long, he would eat nothing else!

옛날에 베나레스의 왕에게 놀이동산을 돌보는 정원사가 있었습니다. 동물들이 종종 가까운 숲에서 놀이동산으로 들어왔습니다.

정원사가 이 일을 왕에게 불평하자, 왕이 말했습니다.

"신기한 동물을 보거든 곧바로 나에게 알려라."

어느 날 정원사는 동산의 한쪽 끝에서 신기한 사슴을 보았습니다. 그 사슴은 사람을 보자 바람처럼 도망가 버렸습니다. 그래서 '바람사슴'이라고 불리게 되었습니다. 그 사슴은 희귀한 종자로 몹시 겁이 많았습니다. 이 사슴은 사람을 보면 매우 쉽게 놀랍니다.

정원사는 왕에게 바람사슴에 대해 말했습니다. 왕은 그 희귀한 동물을 붙잡을 수 있는지 정원사에게 물었습니다.

정원사가 대답했습니다.

"왕이시여, 저에게 벌꿀을 조금 주시면 그 사슴을 궁전으로 데리고 올 수도 있습니다!"

그래서 왕은 정원사가 원하는 만큼의 꿀을 주라고 명령했습니다.

이 특별한 바람사슴은 왕의 놀이동산에서 꽃과 과일 먹는 것을 좋아했습니다. 정원사는 조금씩 조금씩 자신이 사슴의 눈에 뜨이도록 해서, 사슴이 정원사를 덜 무서워하게 했습니다. 그리고 나서 바람사슴이 평소에 먹는 풀 위에 꿀을 발라놓았습니다.

사슴은 꿀이 발린 풀을 먹기 시작했습니다. 곧 사슴은 이 '꿀풀'의 맛을 갈망하게 되었습니다. 이 갈망 때문에 사슴은 매일 정원에 왔습니다. 오래지 않아서 사슴은 다른 것은 아무 것도 먹지 않게 되었습니다!

WordStudy

- **rare** 희귀한
- **smear** (기름 등을) 바르다. 칠하다
- **breed** (동식물의) 종자. 품종
- **confidence** 신뢰
- **sure enough** 아니나 다를까

Little by little, the gardener came closer and closer to the wind-deer. At first, he would run away. But later, he lost his fear and came to think the man was harmless. As the gardener became more and more friendly, eventually he got the deer to eat the honey-grass right out of his hand. He continued doing this for some time, in order to build up his confidence and trust.

Meanwhile, the gardener had rows of curtains set up, making a wide pathway from the far end of the pleasure garden to the king's palace. From inside this pathway, the curtains would keep the wind-deer from seeing any people that might scare him.

When all was prepared, the gardener took a bag of grass and a container of honey with him. Again he began hand-feeding the wind-deer when he appeared. Gradually, he led the wind-deer into the curtained off pathway. Slowly, he continued to lead him with the honey-grass, until finally the deer followed him right into the palace.

Once inside, the palace guards closed the doors, and the wind-deer was trapped. Seeing the people of the court, he suddenly became very frightened and began running around, madly trying to escape.

The king came down to the hall and saw the panic-stricken wind-deer.

He said,

"What a wind-deer! How could he have gotten into such a state? A wind-deer is an animal who will not return to a place where he has so much as seen a human, for seven full days. Ordinarily, if a wind-deer is at all frightened in a particular place, he will not return for the whole rest of his life!

정원사는 조금씩 바람사슴에게 가까이 갔습니다. 바람사슴은 처음에는 도망가곤 했습니다. 그러나 얼마 후에는 두려움을 잃어버리고 사람이 해롭지 않다고 생각하게 되었습니다. 정원사와 점점 더 친해지면서, 마침내 정원사는 사슴이 그의 손에서 꿀풀을 먹도록 하였습니다. 신뢰와 믿음을 주기 위해서 정원사는 한동안 이 일을 계속했습니다.

그 동안 정원사는 놀이동산의 한 쪽 끝에서 왕의 궁전까지 양쪽에 장막을 쳐서 넓은 길이 되게 하였습니다. 이 길의 안에서 바람사슴이 두려워하는 사람은 전혀 보이지 않게 장막이 막고 있었습니다.

모든 것이 준비되자 정원사는 풀 한 자루와 꿀 한 통을 집어 들었습니다. 바람사슴이 나타나자 정원사는 손으로 먹이기 시작했습니다. 조금씩 바람사슴을 장막을 친 길로 끌어들었습니다. 마침내 사슴이 궁전 안으로 따라들어 올 때까지 정원사는 천천히 꿀풀로 사슴을 끌어들이는 것을 계속했습니다.

궁전 안으로 들어오자 경비병이 문을 닫아버렸고, 바람사슴은 갇히게 되었습니다. 궁전 안의 사람들을 본 사슴은 몹시 놀라서 갑자기 이리저리 뛰면서 미친 듯이 도망가려고 했습니다.

왕이 궁전의 넓은 방으로 내려와서 공포에 질린 바람사슴을 보았습니다.

왕은 말했습니다.

"바람사슴이구나! 어쩌다 저렇게까지 되었는가? 바람사슴은 사람을 보았던 곳으로는 7일간 돌아오지 않는 동물이다. 보통 바람사슴은 어떤 곳에서 몹시 놀라면 평생 그곳으로는 돌아오지 않는다!

WordStudy

- row 열, 줄
- scare 깜짝 놀라게 하다, 겁나게 하다

But look! Even such a shy wild creature can be enslaved by his craving for the taste of something sweet. Then he can be lured into the center of the city and even inside the palace itself.

My friends, the teachers warn us not to be too attached to the place we live, for all things pass away. They say that being too attached to a small circle of friends is confining and restricts a broad out look. But see how much more dangerous is the simple craving for a sweet flavor, or any other taste sensation.

See how this beautiful shy animal was trapped by my gardener, by taking advantage of his craving for taste."

Not wishing to harm the gentle wind-deer, the king had him released into the forest. He never returned to the royal pleasure garden, and he never missed the taste of honey-grass.

그런데 보아라! 그렇게 부끄러움을 타는 야생동물이 달콤한 맛에 대한 갈망 때문에 사로잡힐 수 있다. 그리고 도시의 한가운데로 홀려서 들어와 궁전 안까지 들어올 수 있다.

친구들이여, 모든 것은 스쳐 지나가는 것이므로, 사는 곳에 너무 집착하지 말라고 스승들이 우리에게 경고한다. 친구들의 작은 모임에 너무 집착하는 것은 폭넓은 시야를 막고 제한한다고 말한다. 그러나 달콤한 맛이나 어떤 다른 맛에 대한 단순한 갈망이 얼마나 위험한 것인지 보아라.

이 아름답고 수줍은 동물이 맛에 대한 갈망을 채우느라고 나의 정원사에게 사로잡힌 것을 보아라."

왕은 유순한 바람사슴을 해칠 생각이 없었기 때문에, 사슴을 숲에 놓아주었습니다. 사슴은 다시는 놀이동산으로 돌아오지 않았고, 꿀풀의 맛을 결코 그리워하지 않았습니다.

WordStudy

☐ lure 꾀어내다. 유혹하다

새록새록 깊어지는 **지혜의 샘** — The Wind-deer and the Honey-grass 바람사슴과 꿀풀

It is better to eat to live, than to live to eat.

먹기 위해 사는 것보다는 살기 위해 먹는 것이 더 낫다.

The
7TH
story

King Banyan Deer
Compassion / Teaching

사슴 왕 반얀
자비 / 가르침

Compassion

Once upon a time, an unusual and beautiful deer was born in the forests near Benares, in northern India. Although he was as big as a young colt, it was easy for his mother to give birth to him. When he opened his eyes, they were as bright as sparkling jewels. His mouth was as red as the reddest forest berries. His hoofs were as black as polished coal. His little horns glistened like silver. And his color was golden, like a perfect summer's dawn. As he grew up, a herd of 500 deer gathered around him, and he became known as King Banyan Deer.

Meanwhile, not far away, another beautiful buck deer was born, just as splendidly golden in color. In time, a separate herd of 500 deer came to follow him, and he was known as Branch Deer.

The King of Benares at that time, was very fond of eating venison. So he regularly hunted and killed deer. Each time he hunted, he went to a different village and ordered the people to serve him. They had to stop what they were doing, whether plowing or harvesting or whatever, and work in the king's hunting party.

The people's lives were upset by these interruptions. They grew less crops, and other businesses also had less income. So they came together and decided to build a large deer park for the king at Benares. There he could hunt by himself, with no need to command the services of the villagers.

자비

옛날 옛적에 북부 인도의 베나레스 근처 숲 속에 특별하고 아름다운 사슴이 태어났습니다. 아기 사슴은 망아지만큼이나 컸지만 어미 사슴은 쉽게 낳았습니다. 아기 사슴이 눈을 떴을 때 반짝이는 보석처럼 빛났습니다. 입술은 숲에서 가장 붉은 딸기처럼 붉었습니다. 발굽은 윤이 나는 석탄처럼 검은 빛깔이었습니다. 작은 뿔은 은빛으로 반짝였습니다. 그리고 몸은 완벽한 여름의 새벽처럼 황금빛이었습니다. 그 사슴이 자라게 되자, 500마리의 사슴들이 그의 주변에 모여들었고, 그는 사슴 왕 반얀으로 알려졌습니다.

한편, 멀지 않은 곳에 또 한 마리의 아름다운 숫놈 사슴이 태어났는데, 눈부신 황금빛이었습니다. 때가 되어 또 한 무리의 사슴 500마리가 그를 따르게 되었고, 그 사슴은 브랜취 사슴으로 알려졌습니다.

그 당시 베나레스의 왕은 사슴고기를 매우 좋아했습니다. 그래서 왕은 정기적으로 사냥을 나가서 사슴을 죽였습니다. 다른 마을에 가서 사냥할 때마다 왕은 자신을 위해 봉사할 것을 명령했습니다. 사람들은 밭을 갈거나 추수를 하든, 무슨 일을 하고 있든 간에, 일을 멈추고 왕의 사냥 무리에서 일해야만 했습니다.

이렇게 방해받았기 때문에 사람들의 생활은 뒤죽박죽이 되었습니다. 사람들은 곡식을 덜 재배하게 되었고 다른 장사도 역시 수입이 줄어들었습니다. 그래서 그들은 함께 모여서 베나레스에 왕을 위한 커다란 사슴동산을 만들기로 결정했습니다. 그 곳에서 왕은 마을사람들에게 봉사하라고 명령할 필요없이 혼자서 사냥할 수 있게 된 것입니다.

WORDSTUDY

- □ compassion 자비
- □ coal 석탄
- □ venison 사슴 고기
- □ interruption 방해
- □ colt 망아지
- □ horn 뿔
- □ plow 밭을 갈다. 경작하다
- □ hoof 발굽
- □ glisten 반짝이다
- □ harvest 추수하다

So the people built a deer park. They made ponds where the deer could drink, and added trees and grasses for them to eat from. When it was ready, they opened the gate and went out into the nearby forests. They surrounded the entire herds of Banyan and Branch deer. Then, with sticks and weapons and noise makers, they drove them all into the deer park trap, and locked the gate behind them.

After the deer had settled down, the people went to the king and said,

"Our crops and income have suffered because of your hunting requirements. Now we have made you a pleasant safe deer park, where you can hunt by yourself as you like. With no need of our aid, you can enjoy both the hunting and the eating of deer."

The king went to the new deer park. There he was pleased to see the vast herds. While watching them, his eye was caught by the two magnificent golden deer, with large fully grown antlers. Because he admired their unusual beauty, the king granted immunity to these two alone. He ordered that they should be completely safe. No one could harm or kill them.

Once a day the king would come and kill a deer for his dinner table. Sometimes, when he was too busy, the royal cook would do this. The body would then be brought to the chopping block to be butchered for the oven.

Whenever the deer saw the bow and arrows, they went into a panic, trembling for their lives. They ran around wildly, some being injured and some wounded, many suffering great pain.

One day, King Banyan Deer's herd gathered around him. He called Branch Deer, and the two herds joined for a meeting. King Banyan Deer addressed them.

그래서 사람들은 사슴동산을 만들었습니다. 사슴이 물을 마실 연못을 만들고, 풀을 뜯을 나무와 풀밭도 만들었습니다. 준비가 다 되었을 때, 사람들은 문을 열어두고 근처의 숲으로 갔습니다. 그들은 반얀과 브랜취의 사슴 떼를 둘러쌌습니다. 그리고는 막대기와 무기 그리고 시끄러운 소리를 내는 물건들을 사용해서 사슴 떼를 사슴동산 함정으로 몰아넣고는 뒤에서 문을 잠가버렸습니다.

사슴들이 자리를 잡은 뒤에, 사람들은 왕에게 가서 말했습니다.

"저희가 사냥을 돕느라고 저희들의 농작물과 수입이 줄어들었습니다. 이제 저희가 쾌적하고 안전한 사슴동산을 만들었습니다. 거기서 왕께서는 원하시는 대로 혼자 사냥할 수 있습니다. 저희가 도와드릴 필요 없이 사냥과 사슴고기를 둘 다 즐기실 수 있습니다."

왕은 새로운 사슴동산으로 갔습니다. 거기서 왕은 커다란 무리의 사슴을 보고 기뻤습니다. 사슴을 살펴보는 동안 왕의 시선은, 커다랗게 다 자란 뿔을 가진 두 마리의 눈부신 황금빛 사슴에게 사로잡혔습니다. 두 사슴의 특별한 아름다움에 탄복했기 때문에 왕은 이 두 사슴만은 죽이지 않기로 했습니다. 왕은 두 사슴이 빈틈없이 안전하도록 하라고 명령했습니다. 어느 누구도 그 두 사슴을 죽이거나 해칠 수 없었습니다.

하루에 한 번씩 왕은 저녁상에 올려놓을 사슴을 잡으러 왔습니다. 때때로 왕이 너무 바쁠 때는 왕실 요리사가 잡으러 왔습니다. 몸통을 도마 위로 옮겨서 화덕에 들어가도록 토막을 냈습니다.

사슴들은 활과 화살을 볼 때마다 살기 위해서 떨면서 두려워했습니다. 사슴들은 거칠게 주위를 달렸고 몇몇은 상처입고 부상을 당하기도 했고 많은 수가 심한 고통을 겪었습니다.

어느 날 사슴 왕 반얀의 주위에 무리가 모여들었습니다. 사슴 왕 반얀은 브랜취 사슴을 불렀고 두 사슴 무리는 회의를 하려고 함께 모였습니다. 사슴 왕 반얀이 무리에게 말했습니다.

WORDSTUDY

- □ settle down 자리잡다
- □ antler (사슴의) 가지진 뿔
- □ pleasant 유쾌한
- □ chopping block 도마
- □ vast 커다란

"Although in the end, there is no escape from death, this needless suffering due to injuries and wounds can be prevented. Since the king only wishes the meat of one deer per day, let one be chosen by us each day to submit himself to the chopping block. One day from my herd, and the next day from Branch Deer's herd, the victim's lot will fall to one deer at a time."

Branch Deer agreed. From then on, the one whose turn it was, meekly surrendered himself and laid his neck on the block. The cook came each day, simply killed the waiting victim, and prepared the king's venison.

One day, the turn fell by chance to a pregnant doe in Branch Deer's herd. Caring for the others as well as herself and the unborn one, she went to Branch Deer and said,

"My lord, I am pregnant. Grant that I may live until I have delivered my fawn. Then we will fill two turns rather than just one. This will save a turn, and thereby a single life for one long day."

Branch Deer replied,

"No, no, I cannot change the rules in midstream and put your turn upon another. The pregnancy is yours, the babe is your responsibility. Now leave me."

Having failed with Branch Deer, the poor mother doe went to King Banyan Deer and explained her plight. He replied gently,

"Go in peace. I will change the rules in midstream and put your turn upon another."

And the deer king went to the executioner's block, and laid down his own golden neck upon it.

King Banyan Deer

"마지막에는 어느 누구도 죽음에서 도망칠 수 없을 지라도, 상처와 부상으로 불필요하게 고통받는 것은 막을 수 있습니다. 왕은 하루에 한 마리의 사슴 고기만 원하기 때문에 우리가 매일 한 마리씩 택해서 도마 위로 보냅시다. 하루는 나의 무리에서, 다른 날은 브랜취의 무리에서 한 번에 한 마리의 희생자를 제비로 선택하도록 합시다."

브랜취 사슴은 찬성했습니다. 그때부터 차례가 된 사슴은 순순히 포기하고 도마 위에 자기 목을 올려놓았습니다. 요리사는 매일 와서 그저 기다리고 있는 희생자를 죽여서 왕의 사슴고기 요리를 준비했습니다.

어느 날 브랜취 사슴의 무리 가운데 우연히 새끼 밴 사슴이 차례가 되었습니다. 자신과 태어나지 않은 새끼를 생각하듯 다른 사슴도 생각한 암사슴은 브랜취 사슴에게 가서 말했습니다.

"지도자여, 저는 새끼를 배고 있습니다. 제가 새끼를 낳을 때까지 살 수 있도록 허락해 주십시오. 그러면 우리들은 한 번만이 아니라 두 번의 차례를 채울 수 있습니다. 이렇게 하면 차례를 절약하고, 한 생명이 하루 더 살 수 있을 것입니다."

브랜취 사슴이 대답했습니다.

"안 되오. 안 돼. 도중에 규칙을 바꿀 수는 없소. 당신 차례를 다른 사슴에게 돌릴 수 없소. 새끼를 밴 것은 당신의 일이고, 아기 사슴도 당신의 책임이오. 자, 가보시오."

브랜취 사슴과의 이야기에 실패한 불쌍한 엄마 사슴은 사슴 왕 반안에게 가서 자신이 처한 곤경을 설명했습니다. 사슴 왕은 부드럽게 대답했습니다.

"걱정 마시오. 내가 중간에 규칙을 바꿔서 당신 차례를 다른 사슴에게 주리다."

그리고 사슴 왕은 사형집행인의 도마 위에 자신의 황금빛 목을 눕혔습니다.

WORD STUDY

- **submit oneself to** ~을 감수(甘受)하다. ~을 달게 받아들이다
- **meekly** 순순히
- **fawn** 새끼 사슴
- **executioner** 사형집행인
- **doe** 암사슴
- **pregnancy** 임신
- **victim** 희생자
- **pregnant** 임신한
- **plight** 곤경, (어려운) 상태

A silence fell in the deer park. And some who tell this story even say, that silence also fell in other worlds not seen from here. Soon the royal cook came to kill the willing victim on the block. But when he saw it was one of the two golden deer the king had ordered spared, he was afraid to kill him. So he went and told the King of Benares.

The king was surprised, so he went to the park. He said to the golden deer, still laying on the block,

"Oh king of deer, did I not promise to spare your life? What is the reason you come here like the others?"

King Banyan Deer replied,

"Oh, king of men, this time a pregnant doe was unlucky enough to be the one to die. She pleaded for me to spare her, for the sake of others as well as her unborn baby and herself. I could not help but feel myself in her place, and feel her suffering. I could not help but weep, to think the little one would never see the dawn, would never taste the dew. And yet, I could not force the pain of death on another, relieved to think it was not his turn today. So mighty king, I offer my life for the sake of the doe and her unborn fawn. Be assured there is no other reason."

The King Benares was overwhelmed. Powerful as he was, a tear rolled down his cheek. Then he said,

King Banyan Deer
사슴 왕 반얀

    사슴동산에 고요가 가득 찼습니다. 그리고 이 이야기를 들려준 누군가가 말하기를, 이곳에서는 보이지 않는 다른 세계까지도 고요가 가득 찼다고 했습니다. 곧 왕실요리사가 도마 위에 있는 자원 희생자를 죽이러 왔습니다. 그러나 요리사는 왕이 살려두라고 했던 두 마리의 황금빛 사슴 중 하나라는 것을 알게 되었고, 죽이기가 두려웠습니다. 그래서 요리사는 베나레스의 왕에게 가서 말했습니다.

    왕은 놀라서 동산으로 갔습니다. 왕은 아직도 도마 위에 누워있는 황금빛 사슴에게 말했습니다.

    "오, 사슴의 왕이여, 내가 그대의 목숨을 살려주기로 약속하지 않았는가? 그대가 다른 사슴처럼 여기에 온 이유가 무엇인가?"

    사슴 왕 반얀이 대답했습니다.

    "오, 인간의 왕이시여, 이번에는 불행히도 새끼를 밴 암사슴이 죽을 차례가 되었습니다. 암사슴은 태어나지 않은 새끼와 자신뿐만 아니라 다른 사슴을 위해서 자기를 살려달라고 내게 간청했습니다. 나는 암사슴의 처지가 나의 것처럼 느껴졌고, 그녀의 고통을 느꼈습니다. 그 어린 것이 새벽을 맞이하지도 못하고 이슬도 맛보지 못할 것을 생각하니 눈물이 나왔습니다. 그러면서 오늘은 내 차례가 아니라는 생각에 안심하고 있는 다른 사슴에게 죽음의 고통을 강요할 수 없었습니다. 그러니 위대한 왕이시여, 암사슴과 태어나지 않은 새끼를 위해 나의 목숨을 바칩니다. 다른 이유는 없다는 것을 믿어주십시오."

    베나레스의 왕은 압도당했습니다. 권세가 있는 왕이었지만 눈물이 뺨 위로 흘러내렸습니다. 그리고 나서 왕은 말했습니다.

WORD STUDY
- weep 눈물을 흘리다, 울다
- dawn 새벽
- dew 이슬
- be overwhelmed 압도당하다

"Oh great lord, the golden king of deer, even among human beings, I have not seen any such as you! Such great compassion, to share in the suffering of others! Such great generosity, to give your life for others! Such great kindness and tender love for all your fellow deer! Arise. I decree that you will never be killed by me or anyone else in my kingdom. And so too, the doe and her babe."

Without yet raising his head, the golden one said,

"Are only we to be saved? What of the other deer in the park, our friends and kin?"

The king said,

"My lord, I cannot refuse you, I grant safety and freedom to all the deer in the park."

"And what of the deer outside the park, will they be killed?" asked Banyan.

"No, my lord, I spare all the deer in my whole kingdom."

Still the golden deer did not raise up his head. He pleaded,

"So the deer will be safe, but what will the other four-footed animals do?"

"My lord, from now on they too are safe in my land."

"And what of the birds? They too want to live."

"Yes, my lord, the birds too will be safe from death at the hands of men."

"And what of the fish, who live in the water?"

"Even the fish will be free to live, my lord."

So saying, the King of Benares granted immunity from hunting and killing to all the animals in his land.

Having Pleaded for the lives of all creatures, the Great Being arose.

"오, 위대한 왕이여, 황금빛 사슴 왕이여, 사람들 가운데서도 나는 그대와 같은 이를 본 적이 없구나! 다른 이의 고통을 나누려고 하는 위대한 자비심! 다른 이에게 자신의 생명을 주려고 하는 위대한 너그러움! 그대를 따르는 모든 사슴을 향한 위대한 친절과 부드러운 사랑! 일어나시오. 나의 왕국 안에서 나는 물론이고 어느 누구도 그대를 죽이지 못한다는 법을 선포한다. 그리고 그 암사슴과 새끼 사슴도 함께."

그러나 황금빛 사슴은 머리도 들지 않은 채 말했습니다.

"우리만 사는 것입니까? 이 동산에 있는 우리의 친구이며 친척인 다른 사슴들은 어떻게 합니까?"

왕이 말했습니다.

"지도자여, 그대의 청을 거절할 수 없구나. 이 동산에 있는 모든 사슴들의 안전과 자유를 보장하겠노라."

"그렇다면 동산 밖에 있는 사슴은 어떻게 됩니까? 그 사슴들은 죽임을 당합니까?"

라고 반얀이 물었습니다.

"그렇지 않다. 지도자여, 나의 왕국 전체에 있는 모든 사슴을 살려주겠노라."

황금빛 사슴은 여전히 머리를 들지 않았습니다. 사슴 왕은 간청했습니다.

"사슴들은 안전하겠지만, 네 발 달린 다른 동물들은 어떻게 됩니까?"

"지도자여, 지금부터 나의 영토 안에서 그들도 역시 안전할 것이다."

"그러면 새들은 어떻게 됩니까? 새들도 역시 살고싶어 합니다."

"지도자여, 새들도 사람 손에 죽임을 당하지 않고 안전할 것이다."

"그러면 물 속에 사는 물고기들은 어떻게 됩니까?"

"물고기도 자유롭게 살 것이다. 지도자여."

그렇게 말하고 나서 베나레스의 왕은 그의 국토 안에 있는 모든 동물을 죽이거나 사냥하는 것을 금지하였습니다.

모든 동물들의 생명을 위해 간청하고 나서, 위대한 존재는 일어났습니다.

WORDSTUDY

- compassion 자비심
- decree ~을 법령으로 포고하다
- generosity 너그러움
- immunity (책임, 책무 등의) 면책, 면제

Teaching

Out of compassion and gratitude, King Banyan Deer - the Enlightenment Being, taught the King of Benares. He advised him to climb the five steps of training, in order to purify his mind. He described them by saying,

"It will benefit you, if you give up the five unwholesome actions.

These are destroying life, for this is not compassion;

taking what is not given, for this is not generosity;

doing wrong in sexual ways, for this is not loving-kindness;

speaking falsely, for this is not Truth;

losing your mind from alcohol, for this leads to falling down the first four steps."

He further advised him to do wholesome actions, that would bring happiness in this life and beyond. Then King Banyan Deer, and both herds, returned to the forest.

In the fullness of time, the pregnant doe, who had stayed with Banyan's herd, gave birth to a fawn. He was as beautiful as a lotus blossom given as an offering to the gods. When the fawn had grown into a young buck deer, he began playing with Branch Deer's herd. Seeing this, his mother said to him,

"Better to die after a short life with the great compassionate one, than to live a long life with an ordinary one."

Afterwards, her son lived happily in the herd of King Banyan Deer.

가르침

깨달음으로 가는 존재인 사슴 왕 반얀은 자비심과 감사하는 마음에서 베나레스의 왕에게 가르침을 주었습니다. 사슴 왕은 왕의 마음을 정화하기 위해 다섯 단계의 훈련을 하도록 조언했습니다. 사슴 왕은 이렇게 말하며 설명했습니다.

"만약 왕께서 옳지 않은 행위를 행하지 않게 되면, 당신에게 이로울 것입니다. 그 다섯 가지는 이렇습니다.

생명을 파괴하는 것, 이것은 자비가 아니기 때문에.

주지 않은 것을 갖는 것, 이것은 너그러움이 아니기 때문에.

옳지 않은 음란한 행동을 하는 것, 이것은 사랑 가득한 친절이 아니기 때문에.

거짓을 말하는 것, 이것은 진실이 아니기 때문에.

술로 마음을 잃어버리는 것, 이것은 앞의 네 단계를 무너뜨리기 때문에."

사슴 왕은 이번 생과 다음 생에서도 행복하게 해 줄, 올바른 행동을 하라고 왕에게 더 조언했습니다. 그리고 나서 사슴 왕 반얀과 두 무리의 사슴들은 숲으로 돌아갔습니다.

때가 되자, 반얀의 무리에 머무르던 새끼 밴 암사슴이 아기 사슴을 낳았습니다. 아기 사슴은 신들에게 바치는 연꽃처럼 아름다웠습니다. 아기 사슴이 젊은 수사슴으로 자라자 브랜취 사슴의 무리와 어울려 놀기 시작했습니다. 이것을 본 어미 사슴이 아들에게 말했습니다.

"평범한 이와 함께 오래 살기보다는 위대한 자비의 존재와 함께 짧게 살다가 죽는 것이 더 낫단다."

그 후에 아들 사슴은 사슴 왕 반얀의 무리 속에서 행복하게 살았습니다.

□ buck 수사슴

The only ones left unhappy, were the farmers and villagers of the kingdom. For given total immunity by the king, the deer began to fearlessly eat the people's crops. They even grazed in the vegetable gardens inside the villages and the city of Benares itself!

So the people complained to the king, and asked permission to kill at least some of the deer as a warning. But the king said,

"I myself promised complete immunity to King Banyan Deer. I would give up the kingship before I would break my word to him. No one may harm a deer!"

When King Banyan Deer heard of this, he said to all the deer,

"You should not eat the crops that belong to others."

And he sent a message to the people. Instead of making fences, he asked them to tie up bunches of leaves as boundaries around their fields. This began the Indian custom of marking fields with tied up leaves, which have protected them from deer to this very day.

Both King Banyan Deer and the King of Benares lived out their lives in peace, died, and were reborn as they deserved.

유일하게 불행해진 이들은 왕국의 농부와 마을 사람들이었습니다. 왕이 사냥을 완전히 금지했기 때문에 사슴들은 두려워하지 않고 사람들의 농작물을 먹기 시작했습니다. 사슴들은 마을 안의 채소밭도 뜯어 먹었고, 베나레스 시에서도 풀을 뜯었습니다.

  그래서 사람들이 왕에게 불평하면서 경고로 적어도 사슴 몇 마리는 죽이게 해 달라고 요청했습니다. 그러나 왕은 말했습니다.

  "나 자신이 사슴 왕 반얀에게 완전한 보호를 약속하였다. 내가 사슴 왕에게 한 약속을 깨뜨리느니 왕위를 내놓겠다. 어느 누구도 사슴을 해쳐서는 안 된다."

  이 말을 들은 사슴 왕 반얀은 모든 사슴들에게 말했습니다.

  "다른 이의 것인 농작물을 먹어서는 안 됩니다."

  그리고 사람들에게 전갈을 보냈습니다. 사슴 왕은 밭의 경계로 담을 만드는 대신에 잎사귀가 달려있는 다발로 울타리를 해달라고 사람들에게 전달했습니다. 이것이 오늘날까지 사슴으로부터 밭을 보호해온, 잎사귀 다발로 밭을 표시하는 인도 전통의 시작이었습니다.

  사슴 왕 반얀과 베나레스의 왕은 평화롭게 살다가, 죽어서 적합한 곳에 다시 태어났습니다.

새록새록 깊어지는 **지혜의 샘** King Banyan Deer
사슴 왕 반얀

Wherever it is found, compassion is a sign of greatness.

어디에서나 자비는 위대함의 표시이다.

Banyan 반얀

사슴 왕 반얀(Banyan)의 이름은 인도에 널리 알려진 반얀 나무(Banyan tree)에서 따온 것입니다. 반얀 나무는 기원전 1,500년 무렵의 베다 시대부터 신성한 나무로 여겨졌는데, 인도 힌두교의 3대 신 가운데 하나인 비슈누(Viṣṇu) 신이 이 나무 아래에서 태어났다고 전해지기 때문입니다. 그리고 또한 석가모니 부처님께서 반얀 나무 아래에서 깨달음을 이루셨기 때문에 보리(菩提, Bodhi) 즉 깨달음을 얻은 나무라는 뜻으로 보리수(菩提樹, Bodhi tree)라고 불리게 되었습니다.

이 보리수는 깨달음 또는 석가모니 부처님을 상징하기 때문에 스리랑카와 동남아시아의 불교도들은 이 나무를 "나무 중의 왕"이라고 신성하게 여기고, 큰 보리수 나무 옆에 불교사원을 짓거나, 사원의 경내에 보리수를 심는 관습이 있습니다. 부다가야의 마하보디 사원 서쪽 외벽 옆은 석가모니 부처님께서 깨달음을 얻은 장소인 금강보좌(金剛寶座, vajrāsana)로 잘 알려져 있는데, 여기에 25미터 높이의 보리수가 서있습니다. 지금의 보리수는 1870년대 후반에 죽어가던 원목에서 씨를 채취해서 대를 이은 나무라고 합니다. 스리랑카 아누라다푸라(Anuradhapura)에 지금도 살아있는 보리수는 기원전 3세기 경에 인도의 아쇼카 왕이 부다가야 보리수의 일부를 옮겨 준 것이라고 합니다.

반얀 나무는 보리수 외에도 피팔라(pippala) 또는 아슈바타(aśvattha)라고도 불리고, 수목명으로는 인도 보리수 또는 벵갈보리수라고 합니다. 늘 푸른 상록수에 속하고 크게 자라는 반얀 나무는 인도와 스리랑카 등 더운 지방에서 잘 자라고 우리나라에서는 자라지 못합니다. 그리고 공기 주머니 같은 뿌리를 땅 위로 내서 홍수나 가뭄에도 끄떡없고, 그 잎은 포플러 잎처럼 하트 모양을 닮았고, 둥근 열매는 말려서 염주를 만드는데 사용합니다.

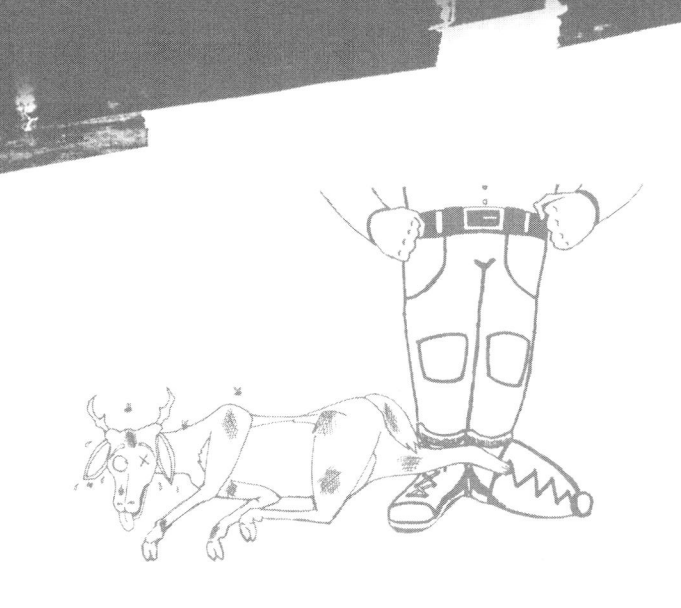

The Fawn Who Played Dead
Attendance

시체 흉내를 냈던 아기사슴
참여

Once upon a time, there was a herd of forest deer. In this herd was a wise and respected teacher, cunning in the ways of deer. He taught the tricks and strategies of survival to the young fawns.

One day, his younger sister brought her son to him, to be taught what is so important for deer. She said,

"Oh brother teacher, this is my son. Please teach him the tricks and strategies of deer."

The teacher said to the fawn,

"Very well, you can come at this time tomorrow for your first lesson."

The young deer came to the lessons as he was supposed to. When others cut classes to spend all day playing, he remained and paid attention to the good teacher. He was well liked by the other young bucks and does, but he only played when his class work was complete. Being curious to learn, he was always on time for the lessons. He was also patient with the other students, knowing that some learn more quickly than others. He respected the teacher deer for his knowledge, and was grateful for his willingness to share it.

One day, the fawn stepped in a trap in the forest and was captured. He cried out in great pain. This frightened the other fawns, who ran back to the herd and told his mother. She was terrified, and ran to her brother the teacher. Trembling with fear, crying big tears, she said to him,

"Oh my dear brother, have you heard the news that my son has been trapped by some hunter's snare? How can I save my little child's life? Did he study well in your presence?"

The Fawn Who Played Dead
시체 흉내를 냈던 아기사슴

옛날에 숲속에 사는 한 무리의 사슴이 있었습니다. 그 무리 안에는 사슴이 살아남는 방법에 대해 노련한, 현명하고 존경받는 스승이 있었습니다. 그 스승은 어린 아기 사슴들에게 살아남는 술수와 전략을 가르쳤습니다.

어느 날 그 스승의 누이동생이 사슴에게 중요한 것이 무엇인지를 가르치기 위해서 자기 아들을 스승에게 데리고 왔습니다. 누이동생이 말했습니다.

"오, 오라버니 스승님, 이 아이가 제 아들입니다. 이 아이에게 사슴의 술수와 전략을 가르쳐주십시오."

스승은 아기 사슴에게 말했습니다.

"좋다. 내일 이맘때에 첫 번째 수업에 참석하면 되겠다."

어린 사슴은 오기로 한 시간에 공부하러 왔습니다. 다른 사슴들이 수업을 빼먹고 노느라고 하루 온 종일을 보낼 때에, 어린 사슴은 교실에 남아서 훌륭한 스승에게 주의를 기울였습니다. 그는 다른 어린 수사슴이나 암사슴과 아주 비슷했지만, 다만 수업이 끝난 뒤에만 놀았습니다. 배우는 것에 호기심이 많았던 어린 사슴은 항상 수업시간에 맞춰 왔습니다. 또한 어린 사슴은 어떤 사슴은 다른 사슴보다 더 빨리 배운다는 것을 알아서, 다른 학생들에게도 인내심이 있었습니다. 어린 사슴은 스승 사슴의 지식을 존경했고, 지식을 함께 나누려는 스승의 뜻에 감사했습니다.

어느 날 숲에서 어린 사슴은 함정에 빠져 덫에 걸렸습니다. 어린 사슴은 몹시 고통스러워 소리를 질렀습니다. 이 소리에 놀란 다른 어린 사슴들이 무리로 뛰어와서 어머니에게 알렸습니다. 어미 사슴은 몹시 놀라서 오라버니인 스승에게 뛰어갔습니다. 공포에 떨며 눈물을 흘리면서 어미 사슴은 스승에게 말했습니다.

"오, 오라버니, 제 아들이 사냥꾼의 덫에 걸렸다는 소식을 들었나요? 어떻게 해야 제 아이의 목숨을 건질 수 있을까요? 그 아이가 오라버니 앞에서 공부를 잘 했나요?"

WORD STUDY
- ☐ **fawn** 어린 사슴
- ☐ **strategy** 전략
- ☐ **curious** 호기심 많은
- ☐ **cunning** 교묘한, 노련한
- ☐ **buck** 수사슴
- ☐ **be patient with** ~에 참을성이 있다
- ☐ **trick** 책략, 계교
- ☐ **doe** 암사슴
- ☐ **snare** 덫, 올가미

Her brother said,

"My sister, don't be afraid. I have no doubt he will be safe. He studied hard and always did his very best. He never missed a class and always paid attention. Therefore, there is no need to have doubt or pain in your heart. He will not be hurt by any human being. Don't worry. I am confident he will return to you and make you happy again. He has learned all the tricks and strategies used by deer to cheat the hunters. So be patient. He will return!"

Meanwhile, the trapped fawn was thinking,

"All my friends were afraid and ran away. There is no one to help me get out of this deadly trap. Now I must use the tricks and strategies I learned from the wise teacher who taught so well."

The deer strategy he decided to use was the one called, 'playing dead'. First, he used his hoofs to dig up the dirt and grass, to make it look like he had tried very hard to escape. Then he relieved his bowels and released his urine, because this is what happens when a deer is caught in a trap and dies in very great fear. Next, he covered his body with his own saliva.

Lying stretched out on his side, he held his body rigidly and stiffened his legs out straight. He turned up his eyes, and let his tongue hang out of the side of his mouth. He filled his lungs with air and puffed out his belly. Finally, with his head leaning on one side, he breathed through the nostril next to the ground, not through the upper one.

Lying motionless, he looked so much like a stiff corpse that flies flew around him, attracted by the awful smells. Crows stood nearby waiting to eat his flesh.

그녀의 오라버니가 말했습니다.

"누이여, 두려워하지 마라. 나는 그 아이가 안전할 것을 확신한다. 그 아이는 열심히 공부했고 항상 최선을 다했다. 수업을 빠진 적도 없으며 항상 주의를 기울였다. 그렇기 때문에 네가 마음에 의심하거나 고통스러워할 필요가 없다. 그 아이는 어떤 인간에게도 해침을 당하지 않을 것이다. 걱정하지 마라. 그 아이가 너에게 돌아와서 다시 너를 행복하게 할 것을 확신한다. 그 아이는 사냥꾼을 속이는 사슴의 술수와 전략을 모두 배웠다. 그러니 참고 기다려라. 그 아이는 돌아올 것이다!"

한편, 덫에 걸린 어린 사슴은 생각하였습니다.

"친구들은 모두 무서워서 도망갔다. 이 끔찍한 덫에서 나갈 수 있도록 도와줄 이는 아무도 없다. 이제 나는 잘 가르쳐 준 현명한 스승에게서 배운 술수와 전략을 써야만 한다."

어린 사슴이 사용하기로 한 사슴의 전략은 '죽은 척하기'라고 부르는 것이었습니다. 우선, 도망가려고 몹시 애를 쓴 것처럼 보이기 위해서 어린 사슴은 발굽으로 흙과 풀을 파헤쳤습니다. 그리고 나서 대변과 소변을 보았는데, 이것은 사슴이 함정에 빠져 커다란 공포로 죽을 때 일어나는 일이기 때문입니다. 다음으로 어린 사슴은 자기 몸에 침을 발랐습니다.

옆으로 누운 상태에서 어린 사슴은 몸을 굳게 하고, 뻣뻣하게 굳힌 다리를 뻗었습니다. 눈을 위로 뜨고, 혀가 입 한 귀퉁이로 늘어지게 했습니다. 폐에 공기를 가득 채우고 배를 부풀어 오르게 했습니다. 마지막으로, 머리를 땅바닥에 기대고, 위쪽 콧구멍이 아니라 땅바닥에 가까운 콧구멍으로 숨을 쉬었습니다.

움직이지 않고 누워있는 어린 사슴은 끔찍한 냄새에 이끌려 파리가 주위를 날아다니는 굳은 시체와 아주 비슷하게 보였습니다. 까마귀들이 어린 사슴의 살코기를 먹으려고 가까이서 기다리고 있었습니다.

WORD STUDY

- miss a class 수업을 빠지다
- confident 확신하는
- hoof 발굽
- relieve one's bowels 대변을 보다
- release one's urine 소변을 보다
- saliva 침, 타액
- lung 폐, 허파
- nostril 콧구멍
- awful 끔찍한
- crow 까마귀

Before long it was early morning and the hunter came to inspect his traps. Finding the fawn who was playing dead, he slapped the puffed up belly and found it stiff. Seeing the flies and the mess he thought,

"Ah, it has already started to stiffen. He must have been trapped much earlier this morning. No doubt the tender meat is already starting to spoil. I will skin and butcher the carcass right here, and carry the meat home."

Since he completely believed the deer was dead, he removed and cleaned the trap, and began spreading leaves to make a place to do the butchering. Realizing he was free, the fawn suddenly sprang to his feet. He ran like a little cloud blown by a swift wind, back to the comfort and safety of his mother. The whole herd celebrated his survival, thanks to learning so well from the wise teacher.

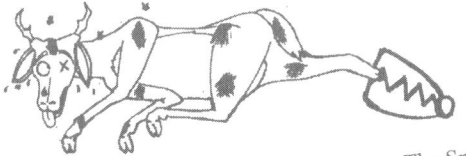

The Fawn Who Played Dead
시체 흉내를 냈던 아기사슴

오래지 않아 이른 아침이 되었고 사냥꾼이 함정을 살피러 왔습니다. 죽은 체하고 있는 어린 사슴을 발견한 사냥꾼은 사슴의 부풀어 오른 배를 손바닥으로 두드려 보고는 굳어있는 것을 알았습니다. 파리와 지저분한 것들을 보면서 사냥꾼은 생각했습니다.

"아, 이미 굳기 시작했구나. 사슴이 오늘 아침보다 훨씬 일찍 함정에 빠진 게 틀림없구나. 부드러운 고기가 이미 상하기 시작하는구나. 여기서 시체의 껍질을 벗기고 잘라서 고기를 집으로 가져가야겠다."

사슴이 죽었다고 완전히 믿었기 때문에 사냥꾼은 덫을 걷어내고 나서, 고기를 자를 자리를 마련하기 위해 잎사귀들을 펼쳐놓기 시작했습니다. 자유로워졌다는 것을 알게 된 어린 사슴은 갑자기 튕기듯 일어났습니다. 어린 사슴은 빠른 바람에 불려 날아가는 작은 구름처럼 달아나서, 편안하고 안전한 어머니에게 돌아왔습니다. 모든 사슴 무리는 현명한 스승에게서 잘 배운 덕분에 어린 사슴이 돌아온 것을 축하했습니다.

WORDSTUDY
- **slap** (손바닥으로) 찰싹 때리다
- **carcass** (짐승의) 시체

새록새록 깊어지는 **지혜의 샘** — The Fawn Who Played Dead
시체 흉내를 냈던 아기사슴

Well-learned lessons bring great rewards.

열심히 공부하면 보상이 크다.

The Golden Plate
Greed and Honesty

황금접시
탐욕과 정직

Once upon a time in a place called Seri, there were two salesmen of pots and pans and hand-made trinkets. They agreed to divide the town between them. They also said that after one had gone through his area, it was all right for the other to try and sell where the first had already been.

One day, while one of them was coming down a street, a poor little girl saw him and asked her grandmother to buy her a bracelet. The old grandmother replied,

"How can we poor people buy bracelets?"

The little girl said,

"Since we don't have any money, we can give our black sooty old plate."

The old woman agreed to give it a try, so she invited the dealer inside.

The salesman saw that these people were very poor and innocent, so he didn't want to waste his time with them. Even though the old woman pleaded with him, he said he had no bracelet that she could afford to buy. Then she asked,

"We have an old plate that is useless to us, can we trade it for a bracelet?"

The man took it and, while examining it, happened to scratch the bottom of it. To his surprise, he saw that underneath the black soot, it was a golden plate!

But he didn't let on that he had noticed it. Instead he decided to deceive these poor people so he could get the plate for next to nothing. He said,

"This is not worth even one bracelet, there's no value in this, I don't want it!"

He left, thinking he would return later when they would accept even less for the plate.

The Golden Plate 황금접시

옛날 옛적 세리라는 곳에 손으로 만든 장신구와 항아리, 냄비를 파는 상인 두 명이 있었습니다. 그 상인들은 마을을 두 구역으로 나누기로 하였습니다. 한 상인이 자신의 구역에서 물건을 팔고 지나간 다음에는 다른 상인이 그 구역에서 물건을 팔아도 좋다고 했습니다.

어느 날 두 상인 중 한 사람이 길을 내려오고 있었는데, 어떤 가난한 소녀가 상인을 보고는 할머니에게 팔찌를 사달라고 졸랐습니다. 연로한 할머니가 대답했습니다.

"우리같이 가난한 사람이 어떻게 팔찌를 살 수 있겠니?"

어린 소녀는 말했습니다.

"돈이 없으면 까맣게 그을린 낡은 접시를 주면 되잖아요."

할머니는 그렇게 해보기로 하고, 상인을 안으로 불러들였습니다.

상인은 이 사람들이 몹시 가난하고 순진하다는 것을 알고는 자신의 시간을 낭비하고 싶지 않았습니다. 할머니가 간청했지만 상인은 그녀가 살 만한 팔찌가 없다고 했습니다. 그러자 할머니가 부탁했습니다.

"우리 집에 쓰지 않는 오래된 접시가 있는데 팔찌와 바꿀 수 있을까요?"

상인이 접시를 집어서 살펴보는 동안 우연히 접시 바닥을 긁어보게 되었습니다. 시커먼 그을음 밑에서 그가 본 것은 놀랍게도 황금 접시였습니다!

그러나 상인은 모르는 체했습니다. 그는 이 가난한 사람들을 속여서 공짜로 접시를 갖기로 작정했습니다. 그는 말했습니다.

"이 접시는 팔찌 하나 값어치도 안 되는군요. 아무 가치도 없는 것입니다. 나한테는 필요 없습니다."

나중에 다시 오면 훨씬 더 싼 것으로 접시를 바꿀 수 있으리라 생각하고 상인은 떠나갔습니다.

WordStudy

- **hand-made** 손으로 만든
- **sooty** 그을린, 그을음으로 더러워진
- **scratch** 긁다
- **trinket** 장신구
- **innocent** 순진한
- **underneath** ~밑에서
- **bracelet** 팔찌
- **plead with** ~에게 간청하다
- **soot** 그을음

Meanwhile the other salesman, after finishing in his part of town, followed after the first as they had agreed. He ended up at the same house. Again the poor little girl begged her grandmother to trade the old plate for a bracelet. The woman saw that this was a nice tender looking merchant and thought,

"He's a good man, not like the rough-talking first salesman."

So she invited him in and offered to trade the same black sooty old plate for one bracelet. When he examined it, he too saw that it was pure gold under the grime. He said to the old woman,

"All my goods and all my money together are not worth as much as this rich golden plate!"

Of course the woman was shocked at this discovery, but now she knew that he was indeed a good and honest fellow. So she said she would be glad to accept whatever he could trade for it. The salesman said,

"I'll give you all my pots and pans and trinkets, plus all my money, if you will let me keep just eight coins and my balancing scale, with its cover to put the golden plate in."

They made the trade. He went down to the river, where he paid the eight coins to the ferry man to take him across.

By then the greedy salesman had returned, already adding up huge imaginary profits in his head. When he met the little girl and her grandmother again, he said he had changed his mind and was willing to offer a few cents, but not one of his bracelets, for the useless black sooty old plate. The old woman then calmly told him of the trade she had just made with the honest salesman, and said,

"Sir, you lied to us."

얼마 후에 다른 상인이 서로 정한 대로, 마을에서 자신이 맡은 구역을 돌고나서 첫 번째 상인의 뒤를 따라왔습니다. 이 상인도 마침내 같은 집에 이르렀습니다. 가난한 소녀는 낡은 접시와 팔찌를 바꿔달라고 할머니에게 다시 졸랐습니다. 할머니는 상냥하고 친절해 보이는 상인을 보고는 생각했습니다.

"이 상인은 좋은 사람이구나. 거칠게 말했던 첫 번째 상인과는 다르구나."

그래서 할머니는 상인을 안으로 불러들여서 까맣게 그을린 낡은 접시를 팔찌로 바꿔달라고 부탁했습니다. 접시를 이리저리 살펴보던 이 상인도 역시 더러움 밑에서 순금을 발견했습니다. 상인은 할머니에게 말했습니다.

"제가 가진 물건과 돈을 모두 합쳐도 이 황금접시의 값이 못 됩니다!"

물론 할머니는 이 사실에 매우 놀랐지만, 이 상인이야말로 정말로 착하고 정직한 사람이라는 것을 알게 되었습니다. 그래서 할머니는 상인이 바꿔줄 수 있는 것은 무엇이든지 기쁘게 받겠노라고 말했습니다. 그 상인은 말했습니다.

"동전 여덟 닢과 천칭 저울 그리고 황금접시를 담을 주머니만 갖게 해주시면 제가 가진 모든 항아리와 냄비, 장신구 그리고 가진 돈도 모두 다 드리겠습니다."

그들은 교환했습니다. 상인은 강가로 내려가서, 강을 건너는 삯으로 뱃사공에게 동전 여덟 닢을 주었습니다.

그때 욕심 많은 상인은 엄청난 이득을 얻을 거라고 머리 속으로 상상하면서 돌아왔습니다. 어린 소녀와 할머니를 다시 만난 상인은 자신이 마음을 바꾸었고 그 쓸모없고 까맣게 그을린 낡은 접시를 동전 몇 닢으로 바꿔줄 수는 있지만 팔찌와는 바꿀 수 없다고 말했습니다. 할머니는 조금 전 정직한 상인에게서 황금접시를 바꾼 일을 조용히 말해주고는 한마디 했습니다.

"당신은 우리에게 거짓말을 했어요."

WORD STUDY

- **grime** 먼지, 더러움
- **ferry man** 뱃사공
- **profit** (금전적인) 이득, 이익
- **goods** 물건, 상품
- **greedy** 욕심 많은
- **balancing scale** 천칭 저울
- **imaginary** 엄청난

The greedy salesman was not ashamed of his lies, but he was saddened as he thought,

"I've lost the golden plate that must be worth a hundred thousand."

So he asked the woman,

"Which way did he go?"

She told him the direction. He left all his things right there at her door and ran down to the river, thinking,

"He robbed me! He robbed me! He won't make a fool out of me!"

From the riverside he saw the honest salesman still crossing over on the ferry boat. He shouted to the ferry man,

"Come back!"

But the good merchant told him to keep on going to the other side, and that's what he did.

Seeing that he could do nothing, the greedy salesman exploded with rage. He jumped up and down, beating his chest. He became so filled with hatred towards the honest man, who had won the golden plate, that he made himself cough up blood. He had a heart attack and died on the spot!

욕심 많은 상인은 거짓말을 한 것은 부끄러워하지 않고 오히려

"값이 십 만 냥은 나갔을 황금접시를 놓쳤구나."

라고 생각하면서 슬퍼했습니다. 그래서 상인은 할머니에게 물었습니다.

"그 상인이 어느 쪽으로 갔습니까?"

할머니는 방향을 가르쳐 주었습니다. 상인은 할머니 집 앞에 물건을 모두 내려놓고,

"그 놈이 내 것을 빼앗았어! 그 놈이 내 것을 빼앗았어! 그 놈이 나를 속여서 빼앗지 못하게 하겠어!"

라고 생각하면서 강으로 달려갔습니다.

강가에 도착한 그는 정직한 상인이 나룻배를 타고 강을 건너고 있는 모습을 보았습니다. 그는 뱃사공에게 소리쳤습니다.

"되돌아오시오!"

그러나 착한 상인은 그대로 건너가자고 했고 뱃사공은 그 말대로 했습니다.

어쩔 수 없다는 것을 알게 된 욕심 많은 상인은 분노가 터졌습니다. 상인은 가슴을 치면서 펄쩍펄쩍 뛰었습니다. 황금접시를 갖게 된 정직한 상인을 너무 미워하던 그는 마침내 피를 토하고 말았습니다. 상인은 그 자리에서 심장이 멈춰서 죽고 말았습니다!

WordStudy

- **be ashamed of** 부끄러워하다
- **explode with** (감정이) 폭발하다. 터지다
- **cough up** 기침으로 뱉어내다
- **ferry boat** 나룻배
- **rage** 분노
- **heart attack** 심장마비
- **hatred** 증오. 미워함
- **policy** 방책

새록새록 깊어지는 **지혜의 샘** — The Golden Plate 황금접시

Honesty is the best policy.

정직은 가장 좋은 방책이다.

the three root causes of unwholesomeness
옳지 않음의 세 가지 근본 원인. 삼독(三毒)

삼독은 온갖 선한 것이 생겨나는 근본 자리인 선근(善根)을 해치기 때문에 세 가지 불선근(不善根)이라고 부르는데, 불선근은 산스크리트어로 아쿠살라—물라(akuśala-mūla) 즉 선하지 않은 근본 원인이라는 뜻입니다. 삼독은 독과 같은 세 가지 번뇌인 탐욕과 분노, 어리석음을 말하는 것입니다. 이 세 가지는 사람의 몸과 마음을 괴롭게 하는 가장 근본적인 정신작용으로 근본번뇌라고도 불립니다. 탐욕은 산스크리트어로 라가(rāga)라고 하며, 자기 마음에 드는 사물에 애착하는 정신적 작용을 말합니다. 분노는 드웨사(dveṣa)라고 하며, 자신의 뜻에 맞지 않는 사물을 싫어하고 미워하는 시기, 질투, 성냄 등의 심리작용을 말합니다. 어리석음은 모하(moha)라고 하며, 사물의 참모습을 올바로 알지 못하는 것을 말하는데, 예를 들어서 '나(我, self)'가 개별적이며 고정적인 실체로 존재한다고 생각하는 것입니다. 이 세 가지 가운데 어리석음이 가장 근본이 되어서 탐욕과 분노가 일어납니다. 집착에서 벗어나서 보시하는 마음을 훈련하면 탐욕에서 벗어날 수 있고, 모든 생명을 사랑하고 아끼는 자비의 마음을 키우면 분노에서 벗어날 수 있고, 어리석음은 지혜를 통해 극복할 수 있습니다. 탐욕과 분노와 어리석음의 삼독에서 벗어난 상태가 집착하지 않음과 자비와 지혜인데, 이 세 가지를 온갖 선한 것이 생겨나는 근본 자리인 선근(善根)이라고 부릅니다.

The 10TH story

The Tree That Acted Like a Hunter
Impatience

사냥꾼처럼 행동하는 나무
참을성 없는 것

Once upon a time, there was an antelope who lived in the deep forest. He ate the fruits that fell from the trees. There was one tree that had become his favorite.

In the same area there was a hunter who captured and killed antelopes and deer. He put down fruit as bait under a tree. Then he waited, hiding in the branches above. He held a rope noose hanging down too the ground around the fruits. When an animal ate the fruit, the hunter tightened the noose and caught him.

Early one morning the antelope came to his favorite tree in search of fruits to eat. he did not see that the hunter was hiding in it, with his noose trap ready. Even though he was hungry, the antelope was very careful. He was on the lookout for any possible danger. He saw the delicious looking ripe fruits at the foot of his favorite tree. He wondered why no animal had yet eaten any, and so he was afraid something was wrong.

The hiding hunter saw the antelope approaching from a distance. Seeing him stop and take great care, he was afraid he would not be able to trap him. He was so anxious that he began throwing fruits in the direction of the antelope, trying to lure him into coming closer.

But this was a pretty smart antelope. He knew that fruits only fall straight down when they fall from trees. Since these fruits were flying towards him, he knew there was danger. So he examined the tree itself very carefully, and saw the hunter int the branches. However, he pretended not to see him.

The Tree That Acted Like a Hunter
사냥꾼처럼 행동하는 나무

옛날 옛적에 깊은 숲 속에 영양 한 마리가 살았습니다. 영양은 나무에서 떨어지는 과일들을 먹었습니다. 영양이 좋아하게 된 나무가 한 그루 있었습니다.

같은 숲에 영양과 사슴을 잡는 사냥꾼이 있었습니다. 사냥꾼은 나무 아래에 미끼로 과일을 놓아두었습니다. 그리고 나서 나무 위 가지 속에 숨어서 기다리고 있었습니다. 사냥꾼은 과일 주위의 땅에 밧줄로 올가미를 만들어 늘여뜨려 두었습니다. 사냥꾼은 동물이 과일을 먹을 때 올가미를 잡아당겨서 동물을 잡았습니다.

어느 이른 아침 영양이 먹을 과일을 찾아서 자신이 좋아하는 나무로 왔습니다. 영양은 사냥꾼이 올가미 덫을 준비하고, 나무 속에 숨어있는 것을 보지 못하였습니다. 배가 고플 때에도 영양은 대단히 조심스러웠습니다. 어떠한 위험도 경계하였습니다. 영양은 좋아하는 나무 밑에 맛있어 보이는 잘 익은 과일을 보았습니다. 왜 어느 동물도 아직 먹지 않았는지 이상하게 여겼고, 그래서 무엇이 잘못 되었나 하고 두려워하였습니다.

숨어있던 사냥꾼은 멀리서 다가오는 영양을 보았습니다. 영양이 멈춰 서서 몹시 조심하는 모양을 보면서 사냥꾼은 영양을 덫으로 잡을 수 없을까봐 겁이 났습니다. 너무나 조바심이 난 사냥꾼은 영양을 더 가까이 유혹하려고, 그쪽으로 과일들을 던지기 시작하였습니다.

그러나 이 영양은 대단히 영리했습니다. 영양은 과일이 나무에서 떨어질 때에는 곧장 밑으로 떨어진다는 것을 알고 있었습니다. 영양은 이 과일들이 자신을 향해서 날아오기 때문에 위험하다는 것을 알았습니다. 그래서 영양은 나무를 매우 주의해서 조사하다가 나뭇가지 사이에서 사냥꾼을 보았습니다. 그렇지만 영양은 사냥꾼을 못 본 척했습니다.

WORDSTUDY
- **antelope** 영양
- **deer** 사슴
- **bait** 미끼
- **noose** 올가미
- **delicious** 맛좋은, 맛있는
- **trap** 덫
- **pretend** ~인 척하다

He spoke in the direction of the tree.

"Oh my dear fruit tree, you used to give me your fruits by letting them fall straight down to the ground. Now, throwing them towards me, you do not act at all like a tree! Since you have changed your habits, I too will change mine. I will get my fruits from a different tree from now on, one that still acts like a tree!"

The hunter realized his mistake and saw that the antelope had outsmarted him. This angered him and he yelled out,

"You may escape me this time, you clever antelope, but I'll get you next time for sure!"

The antelope realized that, by getting so angry, the hunter had given himself away a second time. So he spoke in the direction of the tree again.

"Not only don't you act like a tree, but you act like a hunter! You foolish humans, who live by killing animals. You do not understand that killing the innocent brings harm also to you, both in this life and by rebirth in a hell world. It is clear that we antelopes are far wiser than you. We eat fruits, we remain innocent of killing others, and we avoid the harmful results."

So saying, the careful antelope leaped into the thick forest and was gone.

영양은 나무를 향해 말했습니다.

"오, 나의 소중한 과일 나무여, 자네는 땅 위로 곧장 과일을 떨어뜨려서 나에게 주곤 했다. 지금은 과일을 나에게 던지고 있으니, 자네는 전혀 나무같이 행동하지 않는구나! 자네가 습관을 바꾸었으니 나도 습관을 바꿀 것이다. 나는 지금부터 나무처럼 행동하는 다른 나무에게서 과일을 얻겠다!"

사냥꾼은 자신의 실수를 깨달았고 영양이 더 꾀가 많다는 것을 알았습니다. 이 때문에 그는 화가 나서 소리를 질렀습니다.

"이번에는 나한테서 도망갈 수 있을지도 모른다. 꾀 많은 영양아, 그러나 다음 번에는 반드시 너를 잡을 것이다!"

영양은, 사냥꾼이 몹시 화가 나서 두 번째로 자신을 드러내고 있다는 것을 알았습니다. 그래서 영양은 나무를 향해서 다시 말했습니다.

"자네는 나무처럼 행동하지 않을 뿐만 아니라 사냥꾼처럼 행동하는구나! 동물들을 죽여서 살아가는 어리석은 인간들아, 너희들은 죄 없는 동물을 죽이면 현재의 생에서도 해를 입고 죽어서 지옥에 다시 태어나 해를 입는다는 것을 깨닫지 못하고 있구나. 우리 영양들이 너희보다 훨씬 더 현명하다는 것은 분명하다. 우리는 과일을 먹고, 다른 동물들을 죽이지 않으며 해로운 결과를 피한다."

그렇게 말하고 나서, 조심스러운 영양은 울창한 숲 속으로 껑충 뛰어서 사라져버렸습니다.

WordStudy
- □ **habit** 습관
- □ **innocent** 죄 없는
- □ **outsmart** ~보다 재치가 높다
- □ **leap** 껑충 뛰다
- □ **yell** 소리를 지르다

새록새록 깊어지는 **지혜의 샘**

The Tree That Acted Like a Hunter
사냥꾼처럼 행동하는 나무

The wise remain innocent.

현명한 사람은 죄를 짓지 않는다.

The 11ST story
The Dog King Silver
Justice

개의 왕 은동이
정의

Once upon a time, the King of Benares went to his pleasure garden in his fancy decorated chariot. He loved this chariot, mostly because of the rich hand-worked leather belts and straps.

On this occasion, he stayed in his pleasure garden all day long and into the evening. It was late when he finally got back to the palace. So the chariot was left outside in the compound all night, instead of being locked up properly.

During the night it rained heavily, and the leather got wet, swelled up, became soft, and gave off an odor. The pampered palace dogs smelled the delicious leather scent and came down into the compound. They chewed off and devoured the soft wet chariot straps. Before daybreak, they returned unseen to their places in the palace.

When the king woke up and came down, he saw that the leather had been chewed off and eaten by dogs. He called the servants and demanded to know how this happened.

Since they were supposed to watch the palace dogs, the servants were afraid to blame them. Instead, they made up a story that stray dogs, the mutts and mongrels of the city, had come into the grounds through sewers and storm drains. They were the ones who had eaten the fancy leather.

The king flew into a terrible rage. He was so overcome by anger that he decided to take vengeance against all dogs. So he decreed that whenever anyone in the city saw a dog, he was to kill him or her at once!

The people began killing dogs. The dogs could not understand why suddenly they were being killed. Later that day, they learned of the king's decree. They became very frightened and retreated to the cemetery just outside the city. This was where their leader lived, the Dog King Silver.

The Dog King Silver 개의 왕 은동이

옛날에, 베나레스의 왕이 멋있게 장식한 마차를 타고 놀이동산으로 갔습니다. 왕은 이 마차를 좋아했는데, 특히 손으로 만든 가죽 띠와 가죽 끈을 좋아했습니다.

한번은 왕이 놀이동산에서 저녁때까지 하루 종일 머물렀습니다. 늦은 시간이 되어서야 왕은 마침내 궁전으로 돌아갔습니다. 그래서 마차가 잘 보관되지 않았고, 건물 밖에서 밤새도록 세워져 있었습니다.

밤 새 비가 몹시 와서 가죽이 젖어서 부풀어 오르고, 부드러워졌으며, 냄새가 났습니다. 궁전의 버릇없는 개들이 맛있는 가죽 냄새를 맡고는 그 건물로 내려왔습니다. 개들은 부드럽게 젖어있는 마차 가죽 끈을 게걸스럽게 씹어서 먹었습니다. 새벽이 되기 전에 개들은 눈에 띄지 않고 궁전 안의 개집으로 되돌아갔습니다.

잠에서 깨어 내려온 왕은 개들이 가죽을 씹어서 먹어버린 것을 보았습니다. 왕은 시종을 불러서 어떻게 이런 일이 일어났는지를 알아내라고 명령했습니다.

시종들은 궁전의 개들을 감시하기로 되어 있기 때문에, 자신들이 비난 받을까봐 두려웠습니다. 대신에, 시종들은 길 잃은 개들과 똥개, 잡종 개들이 하수도와 빗물 나가는 곳을 통해서 궁전 안으로 들어왔다고 이야기를 꾸몄습니다. 그 개들이 멋진 가죽 끈을 먹어버린 개들이었습니다.

왕은 엄청나게 화가 났습니다. 몹시 화가 난 왕은 모든 개에게 복수하기로 결심하였습니다. 그래서 도시에서 개를 본 사람은 누구든지 그 개가 암캐건 수캐건 곧바로 죽여야 한다는 칙령을 선포하였습니다!

사람들은 개를 죽이기 시작하였습니다. 개들은 왜 갑자기 죽임을 당해야 하는지 알 수가 없었습니다. 그날 늦게서야 개들은 왕의 법령을 알았습니다. 개들은 대단히 놀라서 바로 도시의 외곽에 있는 공동묘지로 피했습니다. 그곳은 개들의 지도자인 개의 왕 은동이가 사는 곳이었습니다.

WordStudy

- **fancy** 멋있는
- **swell** 부풀어 오르다
- **devour** 게걸스럽게 먹다
- **mutt** 똥개
- **drain** 배수로
- **retreat** 피하다, 후퇴하다
- **chariot** (호화로운) 마차
- **odor** 냄새
- **daybreak** 새벽녘, 동틀녘
- **mongrel** 잡종 개
- **vengeance** 복수
- **cemetery** 공동묘지
- **leather** 가죽
- **pampered** 버릇없는
- **stray** 길 잃은
- **sewer** 하수도
- **decree** ~을 법으로 포고하다, 법령

Silver was a king not because he was the biggest or strongest or toughest. He was average in size, with sleek silver fur, sparkling black eyes and alert pointed ears. He walked with great dignity, that brought admiration and respect from men as well as dogs. In his long life he had learned much, and was able to concentrate his mind on what is most important. So he became the wisest of all the dogs, as well as the one who cared most for the others. Those were the reasons he was king of the dogs.

In the cemetery, the dogs were in a panic. They were frightened to death. The Dog King Silver asked them why this was. They told him all about the chariot straps and the king's decree, and the people killing them whenever they saw them.

King Silver knew there was no way to get into the well guarded palace grounds. So he understood that the leather must have been eaten by the dogs living inside the palace.

He thought,

"We dogs know that, no matter how different we may appear, somehow we are all related. So now I must make my greatest effort to save the lives of all these poor dogs, my relatives. There is no one to save them but me."

He comforted them by saying,

"Do not be afraid. I will save you all. Stay here in the cemetery and don't go into the city. I will tell the King of Benares who are the thieves and who are the innocent. The truth will save us all."

Before setting out, he went to a different part of the cemetery to be alone. Having practiced goodness all his life, and trained his mind, he now concentrated very hard and filled his mind with feelings of loving-kindness. He thought,

은동이는 가장 크거나 힘세거나 강해서 개의 왕이 된 것은 아니었습니다. 은동이는 보통 크기였고, 매끄러운 은빛 털과 반짝이는 검은 눈, 뾰족하게 선 귀를 가지고 있었습니다. 은동이는 대단히 위엄 있게 걸었는데, 개뿐만 아니라 사람들도 그 모습에 감탄하고 존경하였습니다. 오랫동안 살아오면서 은동이는 많은 것을 배웠고, 가장 중요한 것에 마음을 집중할 수 있었습니다. 그래서 그는 모든 개들 중에서 가장 현명해졌고, 또 다른 개들을 가장 잘 돌보는 개가 되었습니다. 그런 것들이 그가 개들의 왕이 된 이유들이었습니다.

개들은 공포에 떨면서 공동묘지에 있었습니다. 개들은 무서워서 죽을 것만 같았습니다. 개의 왕 은동이는 그들에게 왜 이런 일이 일어났는지 물었습니다. 개들은 경주마차의 가죽끈과 왕의 칙령 선포 그리고 사람들이 개를 볼 때마다 죽이려고 한다는 것을 말했습니다.

개의 왕 은동이는 경비가 잘 되어 있는 궁전으로 들어갈 방법이 없다는 것을 알았습니다. 그래서 그는 궁전 안에 살고 있는 개들이 가죽 끈을 먹었음에 틀림이 없다는 것을 알았습니다.

그는 생각했습니다.

"우리 개들은 생긴 모습이 어떻게 다르든 간에, 우리 모두가 어떻게든 연관되어 있다는 것을 알고 있다. 그래서 나는 이 모든 불쌍한 개들, 나의 일족들을 구하는 데에 나의 모든 힘을 기울여야만 하겠다. 나 말고는 그들을 구할 개가 없다."

그는 이렇게 말하면서 개들을 위로하였습니다.

"두려워하지 마시오. 내가 그대들 모두를 구하겠소. 여기 공동묘지에서 머물고 시내로는 들어가지 마시오. 내가 베나레스의 왕에게 누가 도둑들이고 누가 죄가 없는지를 말하겠소. 진실이 우리 모두를 구할 것이오."

출발하기 전에, 은동이는 홀로 있기 위하여 묘지의 다른 곳으로 갔습니다. 평생 동안 선을 행하고 자신의 마음을 훈련시켜 왔던 은동이는 지금 마음을 한 곳에 집중시키고, 자비로 가득 채웠습니다. 그는 생각했습니다.

WORD STUDY

- sleek 매끄러운
- fur 털, 모피
- dignity 위엄
- relative 친족, 일족

"May all dogs be well and happy, and may all dogs be safe. I go to the palace for the sake of dogs and men alike. No one shall attack or harm me."

Then the Dog King Silver began walking slowly though the streets of Benares. Because his mind was focused, he had no fear. Because of his long life of goodness, he walked with a calm dignity that demanded respect. And because of the warm glow of loving-kindness that all the people sensed, no one felt the rising of anger or any intention to harm him. Instead, they marveled as the Great Being passed, and wondered how it could be so!

It was as if the whole city were entranced. With no obstruction, the Dog King Silver walked right past the palace guards, into the royal hall of justice, and sat down calmly underneath the king's throne itself! The King of Benares was impressed by such courage and dignity. So when servants came to remove the dog, the ordered them to let him remain.

Then the Dog King Silver came out from under the throne and faced the mighty King of Benares. He bowed respectfully and asked,

"Your majesty, was it you who ordered that all the dogs of the city should be killed?"

"It was I",

replied the king.

"What crime did the dogs commit?"

asked the dog king.

"Dogs ate my rich beautiful chariot leather and straps."

"Do you know which dogs did this?"

asked King Silver.

"No one knows",

said the King of Benares.

"모든 개들이여, 잘 지내고 행복하시오. 그리고 안전하시오. 개들을 위하여, 그리고 똑같이 사람들을 위하여 나는 궁전으로 갑니다. 아무도 나를 공격하거나 해치지 않을 것이오."

그리고 나서 개의 왕 은동이는 천천히 베나레스의 거리를 걷기 시작하였습니다. 그의 마음이 한 곳에 집중되어 있었기 때문에, 두려움이 전혀 없었습니다. 긴 생애 동안 착하게 살아왔기 때문에, 존경할 만한 침착한 위엄을 지니고 걸어갔습니다. 그리고 모든 사람들은 따뜻하게 빛나는 자비를 느꼈기 때문에 어느 누구도 분노가 일어나지 않았고, 은동이를 해치려는 마음도 없었습니다. 대신에 사람들은 그 위대한 존재가 지나갈 때에 어떻게 이럴 수 있는지 놀라며 경이로워했습니다!

도시 전체가 황홀경에 빠져있는 듯했습니다. 아무런 장애도 없이, 개의 왕 은동이는 궁전 경비병을 지나서 왕실의 재판소까지 곧장 걸어 들어가서, 왕좌 아래에 조용히 앉았습니다! 베나레스의 왕은 그런 용기와 위엄에 감동하였습니다. 그래서 시종들이 은동이를 데리고 나가려고 왔을 때에, 왕은 은동이를 그대로 두라고 명령했습니다.

그러자 개의 왕 은동이는 왕좌 아래에서 나와서 막강한 힘을 가진 베나레스의 왕을 마주했습니다. 은동이는 공손히 절을 하고는 물었습니다.

"왕이시여, 이 도시의 개들을 모두 죽이라고 명령한 분이 당신입니까?"

"그것은 나다."

라고 왕이 대답하였습니다.

"개들이 무슨 죄를 지었습니까?"

라고 개의 왕이 물었습니다.

"대단히 아름다운 마차의 가죽 끈들을 개들이 먹어버렸다."

"어느 개가 그랬는지를 아십니까?"

라고 개의 왕이 물었습니다.

"아무도 모른다."

라고 베나레스의 왕이 말했습니다.

WORDSTUDY
□ obstruction 장애   □ throne 왕좌

"My lord,"

said the dog,

"for a king such as you, who wishes to be righteous, is it right to have all dogs killed in the place of the few guilty ones? Does this do justice to the innocent ones?"

The king replied, as if it made perfect sense to him,

"Since I do not know which dogs destroyed my leather, only by ordering the killing of all dogs can I be sure of punishing the guilty. The king must have justice!"

The Dog King Silver paused for a moment, before challenging the king with the crucial question.

"My lord king, is it a fact that you have ordered all dogs to be killed, or are there some who are not to be killed?"

The king suddenly became a little uneasy as he was forced to admit, before his whole court,

"It is true that most dogs are to be killed, but not all. The fine pure-breeds of my palace are to be spared."

Then the dog king said,

"My lord, before you said that all dogs were to be killed, in order to insure that the guilty would be punished. Now you say that your own palace dogs are to be spared. This shows that you have gone wrong in the way of prejudice. For a king who wishes to be righteous, it is wrong to favor some over others. The king's justice must be unbiased, like an honest scale. Although you have decreed an impartial death to all dogs, in fact this is only the slaughter of poor dogs. Your rich palace dogs are unjustly saved, while the poor are wrongly killed!"

"왕이시여,"

개의 왕이 말했습니다.

"정의롭기를 바라는 당신과 같은 왕에게, 죄를 지은 몇 마리의 개를 대신해서 모든 개들이 죽어야 한다는 것이 과연 옳은 일입니까? 그것이 죄 없는 개들에게 정의를 행하시는 것입니까?"

마치 완전하게 이치에 맞는다는 듯이 왕이 대답하였습니다.

"어느 개가 내 가죽을 망쳐놓았는지 모르기 때문에, 죄 지은 자를 확실히 처벌하기 위해서 모든 개들을 죽이라고 명령할 수밖에 없었다. 왕은 정의로워야 한다!"

개의 왕 은동이는, 결정적인 질문으로 왕에게 도전하기 전에, 잠시 멈추었습니다.

"왕이시여, 당신이 모든 개들은 죽여야 한다고 명령한 것이 사실입니까, 아니면 몇몇은 죽이지 않아도 된다고 하신 것이 사실입니까?"

왕은 모든 신하들 앞에서 사실을 인정해야 했기 때문에 갑자기 조금 당황스러웠습니다.

"전부가 아니라, 대부분의 개들이 죽어야 한다고 한 것은 사실이다. 훌륭한 종자인 궁전 개들은 목숨을 살려주기로 했다."

그러자 개의 왕이 말했습니다.

"왕이시여, 조금 전에 당신은 죄 지은 자들이 확실히 벌을 받기 위해서는, 모든 개들이 죽어야 한다고 했습니다. 이제 당신의 개들은 목숨을 살려준다고 말씀하십니다. 이것은 당신이 옳지 않은 편견을 가졌다는 것을 알려줍니다. 정의로워야 하는 왕으로서, 어떤 이에게 다른 이보다 더 호의를 갖는 것은 옳지 않습니다. 왕의 정의는 정직한 저울처럼, 치우쳐서는 안 됩니다. 비록 당신이 모든 개를 공평하게 죽이라고 명령했을 지라도, 사실 이것은 불쌍한 개들을 대량으로 학살하는 것일 뿐입니다. 당신의 부유한 궁전의 개들만 정의롭지 못하게 목숨을 건진 반면에 불쌍한 개들은 부당하게 죽임을 당하고 있습니다!"

WORDSTUDY

- □ **crucial** 결정적인
- □ **prejudice** 편견
- □ **unbiased** 선입관이 없는. 편견이 없는
- □ **slaughter** 학살
- □ **unjustly** 정의롭지 못하게. 부당하게

Recognizing the truth of the dog king's words, the King of Benares asked,

"Are you wise enough to know which dogs ate my leather straps and belts?"

"Yes, my lord, I do know,"

said he,

"it could only be your own favorite palace dogs, and I can prove it."

"Do so,"

said the king.

The dog king asked to have the palace pets brought into the hall of justice. He asked for a mixture of buttermilk and grass, and for the dogs to be made to eat it. Lo and behold, when this was done they vomited up partly digested pieces of the king's leather straps!

Then the Dog King Silver said,

"My lord, no poor dogs from the city can enter the well guarded palace compound. You were blinded by prejudice. It is your dogs who are the guilty ones. Nevertheless, to kill any living being is an unwholesome thing to do. This is because of what we dogs know, but men do not seem to know - that somehow all life is related, so all living beings deserve the same respect as relatives."

The whole court was amazed by what had just taken place. The King of Benares was suddenly overcome by a rare feeling of humility. He bowed before the dog king and said,

"Oh great king of dog, I have never seen anyone such as you, one who combines perfect wisdom with great compassion. Truly, your justice is supreme. I offer my throne and the kingdom of Benares to you!"

개의 왕이 한 말이 진실임을 깨달은 베나레스의 왕은 물었습니다.

"그대는 어떤 개가 나의 가죽 끈과 가죽 띠를 먹었는지 알아낼 수 있을 정도로 현명한가?"

"예, 왕이시여, 알고 있습니다."

라고 은동이가 말했습니다.

"당신이 귀여워하는 궁전 안의 개들일 수밖에 없으며, 그것을 증명할 수 있습니다."

"그렇게 하라."

고 왕이 말했습니다.

개의 왕은 궁전 안의 애완동물들을 정의의 방으로 데려와 달라고 말했습니다. 은동이는 버터우유와 풀을 섞은 것을 달라고 해서 개들에게 먹였습니다. 놀랍게도 그것을 먹은 개들은 소화가 덜 된, 왕의 가죽 끈을 토해냈습니다!

개의 왕 은동이가 말했습니다.

"왕이시여, 도시의 불쌍한 개들은 경비가 잘 되어 있는 궁전으로 들어올 수 없습니다. 당신은 편견으로 눈이 멀었습니다. 죄를 지은 개는 당신의 개입니다. 게다가 무엇이든 살아있는 것을 죽이는 것은 옳지 않습니다. 우리 개들도 알고 있는 것을 사람들은 모르고 있는 것처럼 보입니다. 모든 생명은 어떻게든 연결되어 있고, 그래서 살아있는 모든 존재들은 동족으로서 동등하게 존경받을 자격이 있다는 것을 말입니다."

궁전 전체가 방금 일어났던 일에 깜짝 놀랐습니다. 베나레스의 왕은 흔치 않은 겸손한 느낌에 갑자기 압도되었습니다. 왕은 개의 왕에게 절을 하고는 말했습니다.

"오, 위대한 개의 왕이여, 나는 그대와 같이 위대한 자비와 완전한 지혜를 함께 지닌 이는 만난 적이 없다. 진실로, 그대의 정의는 최상의 것이다. 나의 왕위와 베나레스 왕국을 그대에게 주겠노라!"

WordStudy

- lo and behold 놀랍게도
- partly 부분적으로
- vomit 토하다
- digested 소화된

The Enlightenment Being replied,

"Arise. my lord, I have no desire for a human crown. If you wish to show your respect for me, you should be a just and merciful ruler. It would help if you begin to purify your mind by practicing the 'Five Training Steps.' These are to give up entirely the five unwholesome actions: destroying life, taking what is not given, sexual wrong-doing, speaking falsely, and drunkenness."

The king followed the teaching of the wise dog king. He ruled with great respect for all living beings. he ordered that whenever he ate, all dogs, those of the palace and those of the city, were to be fed as well. This was the beginning of the faithfulness between dogs and men that has lasted to this day.

깨달음으로 가는 존재는 대답하였습니다.

"일어나시오. 왕이시여, 나는 인간의 왕관에 아무런 욕심이 없습니다. 나에게 존경을 표하고 싶거든, 당신이 정의롭고 인자한 통치자가 되면 됩니다. '다섯 가지 훈련 단계'를 수행해서 당신의 마음을 정화하기 시작하면 도움이 될 것입니다. 그것은 다섯 가지 옳지 않은 행동을 완전히 포기하는 것입니다. 즉 생명을 파괴하는 것, 주지 않은 것을 갖는 것, 옳지 않은 성적인 행동을 하는 것, 거짓을 말하는 것, 그리고 술에 취하는 것입니다."

왕은 현명한 개의 왕의 가르침을 따랐습니다. 왕은 모든 살아있는 존재들을 존경하면서 다스렸습니다. 그는 자신이 음식을 먹을 때마다, 궁전에 있건 도시에 있건 간에 모든 개들에게도 먹을 것을 주라고 명령했습니다. 이것으로 오늘날까지 이어져 온, 개와 사람 사이의 신뢰가 시작되었습니다.

WORDSTUDY
☐ merciful 인자한

새록새록 깊어지는 **지혜의 샘** The Dog King Silver
개의 왕 은동이

Prejudice leads to injustice, wisdom leads to justice.

편견은 불의(不義)로 인도하며, 지혜는 정의(正義)로 인도한다.

●

the five steps of training 다섯 단계의 훈련, 오계(五戒, pañca-śīla)

계(戒)는 산스크리트어 실라(śīla)를 한문으로 옮긴 말입니다. 실라(śīla)는 원래 성질이나 특징, 습관, 행위 등을 의미하는 말이었는데, 불교에 도입되면서 특별히 '좋은 습관, 좋은 특징, 선한 행위, 도덕적인 행위' 등을 가리키는 말이 되었습니다. 그래서 오계(五戒) 즉 팡차실라(pañca-śīla)를 간단히 말하면 '다섯 가지 좋은 행위'라고 할 수 있습니다. 오계를 구체적으로 말하면 다음과 같습니다.

첫째, 생명이 있는 존재를 죽이지 말라.
둘째, 주지 않은 것을 가지지 말라.
셋째, 삿된 음행을 하지 말라.
넷째, 거짓을 말하지 말라.
다섯째, 술을 마시지 말라.

석가모니 부처님께서 당시의 인도 사회에서 권장되고 있던 도덕적인 행위를 적극적으로 받아들여서 계로 제정하여 재가불자들에게 실천하도록 가르치셨습니다. 오계의 내용은 특별한 어떤 것이 아니라 매우 기본적인 윤리적 규범이기 때문에 2,500년 전에 제정되었지만 오늘날의 사람들도 누구나 공감할 수 있습니다. 이러한 올바른 행위들 지속적으로 실천하면, 점점 습관이 되어서 결국은 몸과 마음이 모두 나쁜 행위에서 벗어나게 되는 것이 부처님께서 말씀하신 계(戒)의 이상적인 상태라고 할 수 있습니다.

The
12st
story

Beauty and Gray
A Wise Leader

예쁜이와 잿빛이
현명한 지도자

Once upon a time, there was a deer who was the leader of a herd of a thousand. He had two sons. One was very slim and tall, with bright alert eyes, and smooth reddish fur. He was called Beauty. The other was gray in color, also slim and tall, and was called Gray.

One day, after they were fully grown, their father called Beauty and Gray to him. He said,

"I am now very old, so I cannot do all that is necessary to look after this big herd of deer. I want you, my two grown up children, to be the leaders, while I retire from looking after them all the time. We will divide the herd, and each of you will lead 500 deer."

So it was done.

In India, when the harvest time comes, the deer are always in danger. The rice is at its tallest, and the deer cannot help but go into the paddies and eat it. To avoid the destruction of their crops, the human beings dig pits, set sharp stakes in the ground, and build stone traps - all to capture and kill the deer.

Knowing this was the season, the wise old deer called the two new leaders to him. He advised them to take the herds up into the mountain forest, far from the dangerous farm lands. This was how he had always saved the deer from being wounded or killed. Then he would bring them back to the low lands after the harvest was over.

Since he was too old and weak for the trip, he would remain behind in hiding. He warned them to be careful and have a safe journey. Beauty set out with his herd for the mountain forest, and so did Gray with his.

Beauty and Gray 예쁜이와 잿빛이

옛날에 천 마리의 사슴 떼를 이끄는 대장 사슴이 있었습니다. 그 사슴에게는 두 명의 아들이 있었습니다. 한 사슴은 매우 날씬하고 키가 크며, 반짝이는 방심하지 않는 눈과 매끈하고 붉은 빛이 나는 털을 가지고 있었습니다. 그는 예쁜이라고 불렀습니다. 다른 사슴은 잿빛 털에, 역시 날씬하고 키가 컸는데, 잿빛이라고 불렀습니다.

그 두 사슴이 다 자란 뒤 어느 날, 그들의 아버지가 예쁜이와 잿빛이를 불렀습니다. 아버지는 말했습니다.

"나는 이제 너무 늙어서 이 커다란 사슴 무리를 돌보는 일을 할 수 없구나. 다 자란 나의 두 아들아, 늘 사슴 무리를 돌보아 온 나는 이제 쉬고, 너희들이 지도자가 되기를 바란다. 사슴 무리를 둘로 나누어서 너희 둘이 각각 500마리의 사슴을 이끌도록 하여라."

그래서 그렇게 하였습니다.

인도에서는 추수철이 가까워지면 사슴들은 늘 위험에 처하게 됩니다. 벼는 그때 가장 크고, 사슴은 논으로 들어가 벼를 먹지 않을 수가 없습니다. 농작물이 망가지는 것을 막기 위해서 사람들은 깊은 구덩이를 파고 밑에는 날카로운 막대기를 꽂아 놓고, 돌멩이 덫을 놓는데, 이 모든 것이 사슴을 잡아서 죽이려는 것입니다.

이때가 그런 시기라는 것을 알고, 현명한 늙은 사슴은 두 명의 새로운 지도자를 불렀습니다. 그는 위험한 농토에서 멀리 떨어진, 산 속의 숲으로 사슴 무리를 데려가라고 지도자들에게 권고했습니다. 이렇게 하는 것이 그가 항상 사슴들이 다치거나 죽지 않도록 구하는 방법이었습니다. 그리고 나서 추수철이 끝난 뒤에 그는 사슴들을 낮은 평지로 데려오곤 했습니다.

그런 여행을 하기에 그는 너무 늙고 약했기 때문에 은신처에 남아있었습니다. 그는 두 지도자들에게 조심해서 안전한 여행을 하라고 조언했습니다. 예쁜이는 자신의 무리와 함께 산 속의 숲으로 출발했고, 잿빛이도 그렇게 했습니다.

WORD STUDY

- **retire** 은퇴하다
- **paddy** 벼, 논
- **set out** 출발하다
- **divide** 나누다
- **pit** 구덩이
- **harvest** 추수
- **stake** 말뚝, 막대기

The villagers all along the way knew that this was the time the deer moved from the low lying farm lands to the high countryside. So they hid along the way and killed the deer as they passed by.

Gray did not pay attention to his father's wise advice. Instead of being careful and traveling safely, he was in a hurry to get to the lush mountain forest. So he moved his herd constantly, during the night, at dawn and dusk, and even in broad daylight. This made it easy for the people to shoot the deer in Gray's herd with bows and arrows. Many were killed, and many were wounded, only to die in pain later on. Gray reached the forest with only a few deer remaining alive.

The tall sleek red-furred Beauty, was wise enough to understand the danger to his moving herd. So he was very careful. He knew it was safer to stay away from the villages, and from all humans. He knew it was not safe in the daytime, or even at dawn or dusk. So he led his herd wide around the villages, and moved only in the middle of the night. Beauty's herd arrived in the mountain forest safe and sound, with no one killed or injured.

The two herds found each other, and remained in the mountains until well after the harvest season was over. Then they began the return to the farmland country.

Gray had learned nothing from the first trip. As it was getting cold in the mountains, he was in a hurry to get to the warmer low lands. So he was just as careless as before. Again the people hid along the way and attacked and killed the deer. All Gray's herd were killed, later to be eaten or sold by the villagers. Gray himself was the only one who survived the journey.

그 길을 따라서 있는 마을 사람들은 모두 사슴들이 낮은 경작지에서 높은 산간지대로 이동하는 때를 알고 있었습니다. 그래서 마을 사람들은 길목에 숨어 있다가 사슴이 지나갈 때 죽였습니다.

잿빛이는 아버지의 현명한 충고에 주의를 기울이지 않았습니다. 조심스럽고 안전하게 여행하는 대신 그는 풀이 우거진 산 속 숲에 도착하기 위해 서둘렀습니다. 그래서 그는 밤에도, 새벽과 해질 무렵에도, 심지어 환한 대낮에도 계속해서 자신의 무리를 이동시켰습니다. 이 때문에 사람들은 잿빛이의 무리에 있는 사슴을 활과 화살로 쉽게 쏠 수 있었습니다. 많은 사슴들이 죽었고 그리고 많은 사슴들이 부상을 입고 나중에는 고통 속에서 죽었습니다. 잿빛이는 겨우 몇 마리의 살아남은 사슴들과 함께 숲에 도착하였습니다.

키가 크고 윤이 나는 붉은 털을 가진 예쁜이는 이동하는 무리에게 무엇이 위험한지 알 정도로 충분히 현명했습니다. 그래서 그는 매우 조심스러웠습니다. 그는 마을과 사람들에게서 멀리 떨어질수록 안전하다는 것을 알았습니다. 그는 대낮이 안전하지 않고, 새벽이나 해질 무렵조차도 안전하지 않다는 것을 알았습니다. 그래서 그는 자신의 무리를 마을에서 멀리 돌아서 이끌었고, 오직 밤에만 이동하였습니다. 예쁜이의 무리는 아무도 죽거나 다치지 않고 안전하고 건강하게 숲에 도착했습니다.

두 사슴 무리는 서로 만났고 추수철이 끝나고 한참 후까지 산 속에 남아있었습니다. 그리고 나서 그들은 시골의 경작지로 되돌아가기 시작했습니다.

잿빛이는 첫 번째 여행에서 아무 것도 배우지 못했습니다. 산 속이 추워지자 그는 따뜻한 낮은 곳으로 가기 위해 서둘렀습니다. 그래서 그는 전처럼 경솔했습니다. 사람들은 다시 길목에 숨어서 사슴들을 공격하고 죽였습니다. 잿빛이의 무리는 모두 죽었고, 나중에 마을사람들이 잡아먹거나 팔았습니다. 잿빛이 혼자만이 그 여행에서 살아남은 유일한 사슴이었습니다.

WORDSTUDY

- **hide** 숨다
- **lush** 풀이 무성한, 우거진
- **wounded** 부상당한, 상처입은
- **pay attention to** ~에 유의하다, ~에 주의를 기울이다
- **dawn** 새벽
- **sleek** 매끄러운, 윤이 나는
- **dusk** 황혼, 해질 무렵

Beauty led his herd in the same careful way as before. He brought back all 500 deer, completely safe. While the deer were still in the distance, the old chief said to his doe,

"Look at the deer coming back to us. Beauty has all his followers with him. Gray comes limping back alone, without his whole herd of 500. Those who follow a wise leader, with good qualities, will always be safe. Those who follow a foolish leader, who is careless and thinks only of himself, will fall into troubles and be destroyed."

After some time, the old deer died and was reborn as he deserved. Beauty became chief of the herd and lived a long life, loved and admired by all.

　예쁜이는 전처럼 조심스럽게 자신의 무리를 이끌었습니다. 그는 500마리의 사슴들을 모두 안전하게 데리고 왔습니다. 사슴들이 아직 멀리서 있을 때 늙은 대장은 자신의 암사슴에게 말했습니다.

　"되돌아오는 사슴들을 보시오. 예쁜이는 자신을 따르는 모든 사슴들과 함께 오는구려. 잿빛이는 500마리의 무리 전부를 잃고 혼자서 절뚝거리며 오고 있소. 품성이 훌륭하고 현명한 지도자를 따르는 이들은 항상 안전할 것이오. 자신만 생각하는 경솔하고 어리석은 지도자를 따르는 이들은 어려움에 처하게 되고 멸망하게 될 것이오."

　얼마 후 늙은 사슴은 죽었으며, 그가 했던 만큼 합당하게 다시 태어났습니다. 예쁜이는 사슴 무리의 대장이 되었으며 모두의 사랑과 찬탄을 받으며 오래오래 살았습니다.

WordStudy
☐ limping 절뚝거리는

새록새록 깊어지는 지혜의 샘 — Beauty and Gray 예쁜이와 잿빛이

A wise leader puts the safety of his followers first.

현명한 지도자는 자신을 따르는 이들의 안전을 최우선으로 한다.

The 13st story

The Great Horse Knowing-one
Courage

위대한 말, 아는-이
용기

Once upon a time, King Brahmadatta ruled in Benares, in northern India. He had a mighty horse, who had been born in the land of Sindh, in the Indus River valley of western India. Indeed, this horse was the Enlightenment Being.

As well as being big and strong, he was very intelligent and wise. When he was still young, people noticed that he always seemed to know what his rider wanted before being told. So he was called 'Knowing-one'.

He was considered the greater of the royal horses, and was given the very best of everything. His stall was decorated and was always kept clean and beautiful. Horses are usually faithful to their masters. Knowing-one was especially loyal, and was grateful for how well the king cared for him. Of all the royal horses, Knowing-one was also the bravest. So the king respected and trusted him.

It came to pass that seven neighboring kings joined together to make war on King Brahmadatta. Each king brought four great armies - an elephant cavalry, a horse cavalry, a chariot brigade and ranks of foot soldiers. Together the seven kings, with all their armies, surrounded the city of Benares.

King Brahmadatta assembled his ministers and advisers to make plans for defending the kingdom. They advised him,

"Do not surrender. We must fight to protect our high positions. But you should not risk your royal person in the beginning. Instead, send out the champion of all the knights to represent you on the battlefield. If he fails, only then must you yourself go."

The Great Horse Knowing-one
위대한 말, 아는-이

먼 옛날에 브라흐마닷타 왕이 인도 북쪽에 있는 베나레스를 다스리고 있었습니다. 왕에게는 힘센 말이 있었는데, 그 말은 인도 서쪽의 인더스 강 골짜기인 신드에서 태어났습니다. 사실은 이 말은 깨달음으로 가는 존재였습니다.

그 말은 크고 튼튼할 뿐 아니라 매우 영리하고 현명하였습니다. 그 말이 아직 어릴 때부터 말을 탄 사람이 말하기도 전에 무엇을 원하는지 말이 이미 알고 있다는 것을 사람들은 알았습니다. 그래서 그 말을 '아는-이' 라고 불렀습니다.

그는 왕실의 말 가운데서 더 훌륭했고, 모든 물품 중에 가장 좋은 것이 주어졌습니다. 그의 마구간은 장식이 되어 있었고 항상 깨끗하고 아름다웠습니다. 대부분의 말은 주인에게 충성스럽습니다. 아는-이는 특별히 충성스러웠고, 왕이 자신을 잘 돌봐주는 것에 감사했습니다. 또한 왕실의 모든 말 가운데서 아는-이는 가장 용감했습니다. 그래서 왕은 그를 존중하고 믿었습니다.

이웃나라의 일곱 명의 왕들이 힘을 합해서 브라흐마닷타 왕에게 전쟁을 일으켰습니다. 일곱 왕은 제각기 네 종류의 엄청난 군대를 이끌고 왔는데, 코끼리 부대와 기마 부대, 마차 부대 그리고 보병들이었습니다. 일곱 왕들은 다함께 모든 군대로 베나레스를 포위했습니다.

브라흐마닷타 왕은 왕국을 지킬 계획을 세우기 위해 대신들과 조언자들을 모았습니다. 그들은 왕에게 조언했습니다.

"항복하지 마십시오. 우리의 높은 지위를 보호하기 위해 싸워야만 합니다. 그러나 당신은 처음에는 왕실의 사람들을 위험하게 해서는 안 됩니다. 그 대신에 모든 기사(騎士) 가운데 최고의 기사를 당신 대신 전쟁터로 보내십시오. 만약 그 기사가 실패하게 되면 그러면 그때 직접 나가십시오."

WORD STUDY
- **mighty** 강력한. 힘 센
- **stall** 마구간
- **assemble** 모으다
- **the Enlightenment Being** 깨달음으로 가는 존재. 보살
- **cavalry** 기병대
- **defend** 방어하다. 지키다
- **brigade** (군대의) 부대
- **surrender** 항복하다

So the king called the champion to him and asked,

"Can you be victorious over these seven kings?"

The knight replied,

"If you permit me to ride out on the bravest and wisest, the great horse Knowing-one, only then can I win the battle."

The king agreed and said,

"My champion, it is up to you and Knowing-one to save the country in its time of danger. Take with you whatever you need."

The champion knight went to the royal stables. He ordered that Knowing-one be well fed and dressed in protective armor, with all the finest trimmings. Then he bowed respectfully and climbed into the beautiful saddle.

Knowing-one knew the situation. He thought,

"These seven kings have come to attack my country and my king, who feeds and cares for and trusts me. Not only the seven kings, but also their large and powerful armies threaten my king and all in Benares. I cannot let them win. But I also cannot permit the champion knight to kill those kings. Then I too would share in the unwholesome action of taking the lives of others, in order to win an ordinary victory. Instead, I will teach a new way. I will capture all seven kings without killing anyone. That would be a truly great victory!"

Then the Knowing-one spoke to his rider.

"Sir knight, let us win this battle in a new way, without destroying life. You must only capture each king, one at a time, and remain firmly on my back. Let me find the true course through the many armies. Watch me as you ride, and I will show you the courage that goes beyond the old way, the killing way!"

그래서 왕은 가장 뛰어난 기사를 불러서 물었습니다.

"이 일곱 명의 왕을 이길 수 있겠는가?"

기사가 대답하였습니다.

"만약 가장 용감하고 가장 현명하고 훌륭한 말, 아는–이를 타도록 허락하여 주시면, 그렇게 하면 저는 전투에서 이길 수 있습니다."

왕이 동의하고 나서 말했습니다.

"나의 최강의 기사여, 이런 위험한 때에 나라를 구하는 것은 그대와 아는–이에게 달려있다. 그대가 필요한 것은 무엇이든 가지고 가라."

최강의 기사는 왕실 마구간으로 갔습니다. 그는 아는–이를 잘 먹이고 가장 훌륭한 장식이 달린 갑옷을 입히도록 명령하였습니다. 그리고 그는 정중하게 절을 하고는 아름다운 안장 위로 올라갔습니다.

아는–이는 상황을 잘 알고 있었습니다. 그는 생각했습니다.

"이 일곱 왕들은 나를 먹이고 돌보며 믿어주는 나의 왕과 나라를 공격하려고 왔다. 일곱 왕들뿐만 아니라 그들의 막강한 군대가 나의 왕과 베나레스의 모든 이를 위협하고 있다. 나는 일곱 왕들이 이기도록 할 수 없다. 그러나 최강의 기사가 일곱 왕을 죽이도록 할 수도 없다. 그러면 나 또한 평범한 승리를 얻기 위하여 다른 사람들의 생명을 빼앗는 옳지 못한 행동에 참여하는 것이 된다. 그 대신 나는 새로운 방법을 가르칠 것이다. 일곱 왕들을 어느 누구도 죽이지 않고 사로잡을 것이다. 그것이야말로 진실로 위대한 승리다!"

그래서 아는–이는 자기 위에 타고 있는 기사에게 말했습니다.

"기사여, 생명을 파괴하지 않는 새로운 방법으로 이 전쟁을 이깁시다. 당신은 한 번에 한 명의 왕만 사로잡아서 내 등에 바짝 붙어있어야 합니다. 내가 저 많은 군대들 속에서 진실한 길을 찾아내도록 하여 주십시오. 내 위에 타고 지켜보아 주십시오. 그러면 당신에게 구태의연한 살생의 길을 넘어서는 용기를 보여드리겠습니다!"

WordStudy

- stable 마구간
- trimming 장식
- armor 갑옷
- saddle 안장

As the spoke of 'a new way', and 'the true course', and 'the courage that goes beyond', it seemed the noble steed became larger than life. He reared up majestically on his powerful hind legs, and looked down on all the armies surrounding the city. The eyes of all were drawn to this magnificent one. The earth trembled as his front hoofs returned to the ground and he charged into the midst of the four armies of the first king. He seemed to have the speed of lightning, the might of a hundred elephants, and glorious confidence of one from some other world.

The elephants could remember no such horse as this, and so the elephant cavalry retreated in fear. The horses knew that this their relative was the worthy master of them all, and so the horse cavalry and the chariot brigade stood still and bowed as the Great Being passed. And the ranks of foot-soldiers scattered like flies before a strong wind.

The first king hardly knew what had happened, before he was easily captured and brought back into the city of Benares. And so too with the second, third, fourth and fifth kings.

In the same way the sixth king was captured. But one of his loyal bodyguards leaped out from hiding and thrust his sword deep into the side of the brave Knowing-one. With blood streaming from the wound, he carried the champion knight and the captured sixth king back to the city.

When the knight saw the terrible wound, he suddenly became afraid to ride the weakened Knowing-one against the seventh king. So he began to dress in armor another powerful war horse, who was really just as big as Knowing-one.

'새로운 방법'과 '진실한 길' 그리고 '넘어서는 용기'에 대해 말하고 있을 때, 그 고귀한 말은 실제 살아있는 모습보다 더 커 보였습니다. 그는 힘센 뒷다리로 위엄있게 서서 도시를 둘러싸고 있는 모든 군대를 내려다보았습니다. 모든 시선이 이 장엄한 존재에게 쏠렸습니다. 그의 앞발굽이 땅을 다시 밟았을 때 땅덩어리가 흔들렸고, 그는 첫 번째 왕의 네 종류의 군대 한가운데로 돌진하였습니다. 그는 번개처럼 빠르고, 백 마리의 코끼리만큼 힘이 있으며 다른 세계에서 온 존재처럼 장엄한 확신으로 가득 찬 것처럼 보였습니다.

코끼리들은 이와 같은 말을 본 기억이 없었고 그래서 코끼리 부대는 두려워서 후퇴하였습니다. 말들은 자신들의 친족인 이 말이 그들 모두의 훌륭한 주인임을 알았고 그래서 기마 부대와 마차 부대는 이 위대한 존재가 지나가는 동안 조용히 고개를 숙였습니다. 그리고 보병들은 세찬 바람 앞의 파리떼처럼 흩어졌습니다.

첫 번째 왕은 무슨 일이 일어났는지를 거의 알지 못한 채로, 쉽게 붙잡혀서 베나레스로 끌려갔습니다. 그리고 두 번째 왕도, 세 번째 왕도, 네 번째 왕도, 다섯 번째 왕도 역시 같았습니다.

같은 방법으로 여섯 번째 왕도 붙잡혔습니다. 그러나 왕의 경호원 중 한 명이 숨어있다가 뛰어나와서 용감한 아는-이의 옆구리를 칼로 깊이 찔렀습니다. 상처에서 피가 흘러나오는데도, 그는 최강의 기사와 함께 사로잡은 여섯 번째 왕을 도시로 데리고 왔습니다.

심한 상처를 본 기사는 약해진 아는-이를 타고 일곱 번째 왕과 싸우는 것이 갑자기 두려워졌습니다. 그래서 기사는 아는-이만큼 똑같이 힘이 센 전투마를 무장시키기 시작했습니다.

WORD STUDY
- □ **steed** 말. 준마
- □ **magnificent** 장엄한
- □ **scatter** 흩어지다
- □ **rear** (말이) 뒷다리로 서다
- □ **midst** 한가운데
- □ **wound** 상처
- □ **majestically** 위엄있게
- □ **retreat** 후퇴하다

Seeing this, though suffering in great pain from his deadly wound, Knowing-one thought,

"This champion knight has lost his courage so quickly. He has not understood the true nature of my power - the knowledge that true peace is only won by peaceful means. He tries to defeat the seventh king and his armies in the ordinary way, riding an ordinary horse. After taking the first step of giving up the killing of living beings, I cannot stop part way. My great effort to teach a new way would disappear like a line drawn in water!"

The great horse Knowing-one spoke to the champion knight.

"Sir knight, the seventh king and his armies are the mightiest of all. Riding an ordinary horse, even if you slaughter a thousand men and animals, you will be defeated. I of the mighty tribe of Sindh horses, the one called Knowing-one, only I can pass through them harming non, and bring back the seventh king alive!"

The champion knight regained his courage. The brave horse struggled to his feet, in great pain. While the blood continued to flow, he reared and charged through the four armies, and the knight brought back the last of the seven warlike kings. Again all those in his path were spared from harm. Seeing their seven kings in captivity, all the armies laid down their weapons and asked for peace.

Realizing that the great horse Knowing-one would not live through the night, King Brahmadatta went to see him. He had raised him from a colt, so he loved him. When he saw that he was dying, his eyes filled with tears.

이것을 본 아는-이는 끔찍한 상처로 심한 고통을 겪으면서 생각하였습니다.

"이 최강의 기사는 아주 빨리 용기를 잃었구나. 그는 내 힘의 본질은 진정한 평화는 오직 평화로운 방법으로만 얻을 수 있다는 것을 아는 것임을 이해하지 못하고 있다. 그는 일곱 번째 왕과 그의 군대를 보통 방법으로 보통 말을 타고서 쳐부수려고 한다. 살아있는 존재들을 죽이지 않는 첫 발걸음을 내디뎠는데, 중도에서 멈출 수는 없다. 새로운 방법을 가르치려는 나의 커다란 노력은 물 속에 늘어뜨린 낚싯줄처럼 사라질 것이다!"

위대한 말, 아는-이는 최강의 기사에게 말했습니다.

"기사여, 일곱 번째 왕과 그의 군대는 가장 강합니다. 보통 말을 타게 되면, 천 명의 사람과 동물을 죽일 지라도 당신은 패배할 것입니다. 힘센 종족인 신드 출신인 나, 아는-이라 불리는 나만이 어느 누구도 해치지 않고 그들 사이를 지나서 일곱 번째 왕을 산 채로 데리고 올 수 있습니다!"

최강의 기사는 다시 용기를 얻었습니다. 용감한 말은 심한 고통 속에서 일어서려고 전력을 다했습니다. 피가 계속해서 흘렀지만, 그는 뒷발로 서서 네 종류의 군대를 통과하였고, 기사는 전쟁을 좋아하는 일곱 왕 가운데 마지막 왕을 데리고 왔습니다. 또한 그가 지나는 길에 있는 모든 존재들이 해를 입지 않았습니다. 일곱 왕이 포로가 된 것을 본 모든 군대는 무기를 버리고 평화를 요청했습니다.

위대한 말, 아는-이가 그날 밤을 넘기지 못할 것을 알게 된 브라흐마닷다 왕은 그 말을 보러 갔습니다. 왕은 망아지 때부터 아는-이를 키웠고 사랑하였습니다. 말이 죽어 가는 것을 보고 있던 왕의 눈은 눈물로 가득 찼습니다.

WORDSTUDY
□ captivity 감금, 포로   □ colt 망아지

Knowing-one said,

"My lord king, I have served you well. And I have gone beyond and shown a new way. Now you must grant my last request. You must not kill these seven kings, even though they have wronged you. For, a bloody victory sews the seeds of the next war. Forgive their attack on you, let them return to their kingdoms, and may you all live in peace from now on. Whatever reward you would give to me, give instead to the champion knight. Do only wholesome deeds, be generous, honor the Truth, and kill no living being. Rule with justice and compassion."

Then he closed his eyes and breathed his last. The king burst into tears, and all mourned his passing. With the highest honors, they burned the body of the great horse Knowing-one - the Enlightenment Being.

King Brahmadatta had the seven kings brought before him. They too honored the great one, who had defeated their vast armies without spilling a drop of blood, except his own. In his memory they made peace, and never again did these seven kings and Brahmadatta make war on each other.

아는-이는 말했습니다.

"왕이시여, 나는 당신에게 충분히 봉사했습니다. 그리고 나는 그 이상의 새로운 방법을 보여주었습니다. 이제 저의 마지막 청을 들어주십시오. 비록 일곱 왕이 당신에게 잘못했을 지라도, 당신은 이 일곱 왕을 죽여서는 안 됩니다. 왜냐하면 피투성이 승리는 다음 전쟁의 씨를 뿌리기 때문입니다. 그들이 당신을 공격한 것을 용서하고, 자신들의 왕국으로 돌려보내십시오. 그리고 모두들 앞으로 평화롭게 살기 바랍니다. 나에게 상으로 주려고 하는 것은 무엇이든 최강의 기사에게 대신 주십시오. 오직 올바른 행동만 하십시오. 관대하시고, 진리를 귀하게 여기십시오. 살아있는 것을 죽이지 마십시오. 정의와 자비로 다스리십시오."

그리고 나서 그는 눈을 감고 마지막 숨을 몰아쉬었습니다. 왕은 울음을 터뜨렸고 모두가 그의 죽음을 슬퍼하였습니다. 그들은 위대한 말, 아는-이, 즉 깨달음으로 가는 존재의 육신을 가장 영예로운 방식으로 화장했습니다.

브라흐마닷타 왕은 일곱 왕을 불렀습니다. 자신의 피만 흘리고, 다른 이의 피는 한 방울도 흘리지 않으면서 일곱 왕의 거대한 군대를 패배시킨 위대한 존재에게 일곱 왕도 역시 경의를 표했습니다. 위대한 말을 기억하면서 그들은 평화를 유지했고, 일곱 왕들과 브라흐마닷타 왕은 다시는 서로 전쟁을 일으키지 않았습니다.

WORDSTUDY
- mourn 애도하다, 슬퍼하다

새록새록 깊어지는 **지혜의 샘** The Great Horse Knowing-one
위대한 말, 아는-이

True peace is only won by peaceful means.

진정한 평화는 평화로운 방법으로만 얻을 수 있다.

Buddha 부처님

부처님은 빨리어(pāli)와 산스크리트어(sanskrit)로 붓다(Buddha)라고 쓰고, '깨달은 분' 즉 the Enlightened One라고 풀이합니다. 일반적으로 부처님이라고 할 때는 역사적 인물로서의 석가모니 부처님을 말합니다. 석가모니 부처님은 기원전 6세기 경에 인도의 카필라국에서 고타마 싯다르타(Gotama Siddhārtha)라는 이름의 왕자로 태어났습니다. 어른이 된 후 왕자의 지위를 버리고 출가하여 모든 번뇌를 끊고 참된 진리의 깨달음을 이루고, 모든 사람들을 위해 참된 진리의 법(法)을 설하여 깨우쳐 주셨고 석가모니 부처님이라고 불리셨습니다. 석가모니(Śākyamuni)는 석가(Śāky)족의 침묵하는 성자(聖者, muni)라는 뜻입니다.

그러나 부처님이라는 말은 석가모니 부처님에게만 한정해서 사용하지는 않습니다. 석가모니 부처님과 같이 모든 번뇌를 끊고 참된 진리를 깨달은 분이라면 누구나 부처님이라고 불릴 수 있습니다. 그런 이유로, 과거·현재·미래에 걸쳐 모든 곳에 다 부처님이 계신다고 할 수 있습니다. 과거의 부처님으로는 비바시(毘婆尸) 부처님이나 연등(燃燈) 부처님이 계시고, 현재의 부처님으로 아촉(阿閦) 부처님이나 아미타(阿彌陀) 부처님이, 미래의 부처님으로 미륵(彌勒) 부처님이 계십니다.

이러한 부처님의 이름에는 부처님 외에도 여러 가지가 있는데 보통 열 가지가 있습니다.

01. 여래(如來, tathāgata)는 그와 같이 오신 분이라는 뜻이고,
02. 응공(應供, arahant)은 세상의 존경과 공양을 받을 만한 분이라는 뜻이고,
03. 정변지(正遍知, a fully Enlightened One)는 완전히 깨달은 분이라는 뜻이며,
04. 명행족(明行足, perfect in knowledge and conduct)은 지혜와 실천을 모두 갖춘 분,
05. 선서(善逝, a well-farer)는 잘 가신 분,
06. 세간해(世間解, a world-knower)는 세상을 잘 아는 분,
07. 조어장부(調御丈夫, unsurpassed guide of men to be trained)는 사람을 잘 길들이는 분,
08. 천인사(天人師, teacher of gods and men)는 하늘의 천신과 땅 위의 사람들의 스승,
09. 불(佛, a Buddha)은 깨달은 분,
10. 세존(世尊, a Blessed One)은 세상의 존중을 받는 분이라는 뜻입니다.

후기

요즘처럼 청소년의 교육이 논란의 대상이 된 적이 없었던 것 같습니다. 왜 그럴까 하고 원인을 생각해 보지 않을 수 없습니다. 어린이와 청소년을 대상으로 하는 범죄, 사회 전반에 깔려 있는 물신주의(物神主義), 인터넷과 각종 대중매체들, 오직 경쟁에 이기는 것만이 목표가 되어버린 듯한 학교 교육 등이 우리 아이들을 방황과 무지 속으로 내모는 것이 아닌가 하는 생각이 듭니다. 아이들이 스스로 생각하는 힘을 잃은 듯 충동적으로 변하면서, 지혜롭고 너그러우며 자비로워지는 방법을 모르는 것 같습니다. 아니, 그런 방법을 어디서 어떻게 배워야 하는지도 모르는 듯합니다.

이 책에 수록된 13편의 이야기들은 부처님의 전생담(前生譚)인 『자타카(Jātaka)』에서 추려내어 현대적인 영어로 남방의 스님께서 편집해 놓으신 것을 우리말로 옮긴 것입니다. 이 이야기들은 우리 아이들에게 생각하는 능력을 길러주며, 참된 지혜가 무엇인지를 가르쳐줄 것입니다. 『자타카』는 『쿠다카 니까야(Khuddaka Nikāya, 小部)』에 속하는 초기불교 경전이지만, 딱딱한 교리를 설법하는 분위기는 전혀 나타나지 않습니다. 그래서 종교에 관계없이 누구나 쉽게 읽을 수 있습니다. 어린이와 청소년뿐만 아니라 어른들도 읽어보면 한번쯤은 자신의 삶과 아이들의 교육에 대해 생각하게 하는 재미있고 감동적인 이야기입니다. 그렇기 때문에 사찰에서 청소년 포교를 위해 사용하기에 아주 적합한 책이라고 말할 수 있습니다.

이 책을 펴내는 데 도움을 준 불광출판사 직원들에게 감사하며, 이 책을 읽는 여러분들에게 제불보살님의 지혜와 자비의 가피가 있기를 기원합니다.

2009년을 맞이하며 안양에서
반야행 이추경 합장

The Spring of Wisdom
지혜의 샘

2009년 1월 30일 초판 1쇄 발행
2024년 7월 6일 개정판 4쇄 발행

영역자 쿠루네고다 피야티싸 • 영어 윤문 토드 앤더슨
삽화 샐리 비엔드만, 밀러 바이럼, 마크 길슨 • 옮긴이 이추경
발행인 박상근(至弘) • 편집인 류지호 • 편집이사 양동민
편집 김재호, 양민호, 김소영, 최호승, 하다해, 정유리 • 디자인 쿠담디자인
제작 김명환 • 마케팅 김대현, 김선주, 이선호 • 관리 윤정안
콘텐츠국 유권준, 정승채, 김희준
펴낸 곳 불광출판사 (03169) 서울시 종로구 사직로10길 17 인왕빌딩 301호
　　　대표전화 02) 420-3200 편집부 02) 420-3300 팩시밀리 02) 420-3400
　　　출판등록 제300-2009-130호(1979. 10. 10.)

ISBN 978-89-7479-460-6 (03810)

값 12,000원

잘못된 책은 구입하신 서점에서 바꾸어 드립니다.
독자의 의견을 기다립니다. www.bulkwang.co.kr
불광출판사는 (주)불광미디어의 단행본 브랜드입니다.